文成天縱

清代檔案目録四種

QINGDAI DANG'AN MULU SI ZHONG

《清代檔案目録四種》編寫組　編

下册

廣西师范大学出版社
GUANGXI NORMAL UNIVERSITY PRESS
·桂林·

下册目録

光緒三十四年分榷算司全年檔案

春季

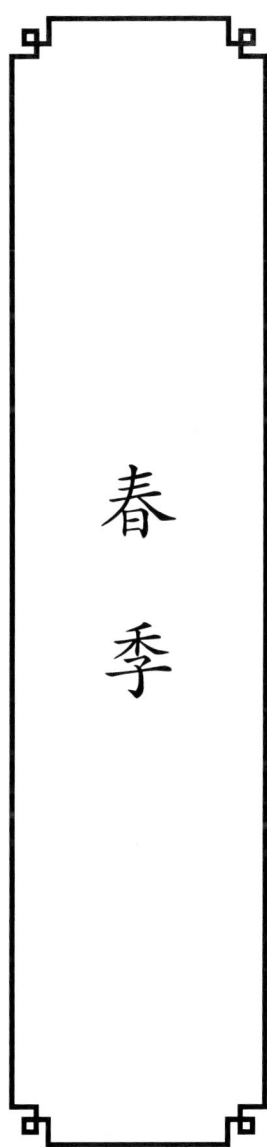

丞參堂

榷算司吳葆誠呈

編輯處總核院閱二月十一日

文閱二月十一日

光緒三十四年分榷算司全年檔案

春季

第一冊

今將光緒三十四年分榷算司全年檔案分為四冊選擇要件呈請

鑒核

編輯處課員 孫昌烜 吳祿誠 吉紳 奎佑 闞慶麟 仝擬訂

收項

正月初一日

日本林使照會 海六

商標章程請速施行由

閩浙總督電

遵議銀幣事乞代奏由

發項

正月初二日

税務處文 海一

鎮江關一百八十六七兩結三成船鈔罰款銀兩已如數收訖由

税務處文 海四

英使稱軍物進口章程苛擾請將改章從速施行其未定以前暫從寬辦理希核復由

初二日

署蘇撫文

呈解三十三年秋冬季稅務處經費由

九江關道申文

九江關三十三年五月起八月二十三止第一百八十八結應解出使經費滙滬由

北洋大臣文

咨呈東海關開支檢疫醫費銀兩數目清摺由 粘抄

兩廣總督電

遵議幣制事

初三日

度支部片 海三

湘撫咨長沙關請截留練兵處指提平餘銀兩即查核迅復由

初二日

農工商郵傳部文 薑六十四

香港颶風為災中國商船被沈録英使送來案由查照由 附洋文案由

英朱使信 薑六十三

香港颶風為災中國商船失事案由已咨農工商部郵傳部查照由

初四日

度支部文 海二

鈔送應付俄法借款第二十五次息銀清單由 附抄件

初三日

酌 湖南巡撫文

具奏長沙商埠工程完竣現擬接辦租界等工請續撥銀兩等因一摺又密陳英商欲在城內開行貿易亟應興築碉岸馬路一片抄稿咨呈由

湖南巡撫文

第七十四期新案賠款銀兩交商匯滬由

湖南巡撫文

第七十四期賠款並增支関平補水各銀兩交商匯滬由

桂撫電

謹將各司遵議幣制情形先電請查核由

駐奥吳代辦申文

駐英李大臣電

税務司

初六日

農工商部文 海六

商標章程事日本使復照催施行希從速見復由

、陝甘總督文 海五 貨税

英使稱寧夏府征收洋布落地税如何情形飭查核辦速復由 附件

東三省總督

吉林巡撫電 一千零十七 貨税

哈拉蘇蘇俄官設関收税事俄使照復已將扣留各貨放行惟越界設関應極力磋商撤歸俄境由

初七日

正二兩月經費可否先期撥滙申請示遵由

要 法巴使照會 海十一 內地商務類

中國改良權度量法如願仿照法國以邁當為本
法國當盡力襄助由

東三省總督
奉天巡撫 電

璦琿租地事

初四日

駐美周代辦電

乞撥川裝由

駐奧吳代辦文

使署舊員懇發歸裝路費請飭撥滙再職道
可否照他員例一律發給聽候卓奪由

酌 俄璞使照會 海九

俄員在璦琿所指地段有碍華商生計可另擇地
轉飭商辦由

度支部文 海七

湘撫奏請動撥長沙商埠經費希酌核辦理由

要 法巴使照會 海十一

權度量以邁當為根之法中國如願照行當盡力襄
助事已咨農工商部核辦由

要 稅務處文 海十二 郵款

稅務司金登幹病故應按六個月薪俸發給恩
卹銀兩

要 農工商部文 海十

度量衡事法使照稱如願仿行邁當必盡力襄助
等語咨行核辦由

又致參丞信
由正月起請撥款接濟由

酌

東三省總督
黑龍江巡撫文　海八
璦城迤北設立通商碼頭實屬有碍華商
生計相應繪具圖説由　附圖

歸檔

駐韓總領事文
改派及添設商董由　冊一

廣西巡撫電
議復幣制事請代奏由

俄璞使照會　海九
璦琿劃定地段事請飭該副都立即開
議布復由　附洋文

東三省總督
黑龍江巡撫文　海八
俄員在璦琿租地事已據來咨照復俄使
俄官商辦由　附抄件

初九日

稅務處文　海十三　見稅
准美費署使照稱衛隊應用軍火請飭滬
関准其起岸運京等因希轉飭辦理見復由

美費署使照會　海十四　見稅
衛隊應用軍火由滬運京在即已咨稅務處
轉飭辦理由

十一日

英朱使信　海十五　見稅
香港軍務處寄來寧波領署調換快槍請
稅事已咨稅務處轉飭辦理由

要

俄璞使照會 董二十三 貨税類

拉哈蘇蘇俄関扣留華貨事已飭放行由

附洋文

初五日

酌

軍機處交抄摺 海七 租界

湘撫奏辦理租界馬路情形一摺奉

硃批該部知道片并發欽此 附片一

美費署使照會 海十三 免税

衛隊應用軍火請飭滬関准其起岸運京由

附洋文

初初六日

庫倫辦事大臣文

咨送俄商運貨聯单由

附単一

十二日

東三省總督電 洪六

中俄旅大續約載北至大洋河沿河左岸至河口

隙地是否在界線内希飭查明由

十三日

酌

英朱使函 海十七 貨税

太古羊毛案業據陝撫來電照復可由英領

與津関道議結即查照由

十四日

四川湖廣總督 浙江奉天陝西巡撫電 洪十一

電催條陳幣制由

十六日

江西撫文

具奏滙解三十四年第三期償款抄片咨呈由　附抄

海參崴桂委員申文

收到經費日期由

酌　又致丞參信

擬購地建盖衙署現議價目由　附草圖

英朱使信　海三十　行船類

考驗各船噸數中國可否亦照現改之法一律辦理請示復由　附件

初七日

南洋大臣文

浙江巡撫電　税則單照

日本使稱日商三井行在温州府屬採買土貨閩道未允發給聯單請飭速給等語希飭查明速復由

十七日

税務處文　海十九

日使照稱聞飭總税司調查最近之借款詳細情形望示等語查核見復由

要　日本林使照會　海十七　行船

大孤山本無開作通商口岸之舉惟日本輪船高麗帆船來運土貨應照約禁阻由

要　税務處文　海十八　行船

大孤山照約不開口岸其日本輪船高麗帆船已照日本使禁阻赴該地方由

十八日

又一件

應撥光緒三十三年十二月及第七年第一

期賠款等項銀兩交關滙滬由

酌 英朱使節略

總稅司事

又一件

金陵關應解第十二次賠款銀兩交商滙滬由

葡柏署使照會 海二十 洋藥

禁煙事澳門煙膏辦法宜與香港一律希按前

開節略一並照允由

又一件

金陵關應還瑞記第二十五次洋款交商滙

滬由

酌 赴藏張大臣電 貨稅

印茶征稅照華茶入華之數約有明文仍希

執約磋商由

又一件

金陵關應解光緒三十四年第一次賠款銀兩

交商滙滬由

閩浙總督電 免稅

英領請運打牌會子彈應暫行給照放行由

閩督文

新關應解第七十四期賠款銀兩交商滙滬由

十九日

又一件

津海關道電 免稅

閩海關應解第七年第二期賠款銀兩交商滙
滬由

九江關監督文
委解光緒三十三年京餉等款銀兩由

皖撫文
造送蕪湖關第一百八十八結收支稅厘清冊由
冊一

又一件
造送蕪湖關第一百八十八結收支稅厘清冊由
冊一

要
稅務處文 海十五、 免稅類
香港軍務處寄来寗波領事署調換之快槍
十二枝自可撥案准其免稅請轉復由

駐奥吳代辦電

要
英朱使信 海二十二、 免稅類
日本呈進遊船材料擬於正月二十四日由神
戸運津即查照由
福州打牌會所運子弾已電閩督通融給照
放行由

度支部文 海二十一
法使照送鑄錢院報本詢表咨行查照辦理
見復由 附抄件 報本一冊

二十日

崇文門商稅衙門文 海二十三 免稅
度支部
日本呈進遊船材料日使函稱擬載萬南源
商輪運津於正月二十四日開行即查照由

、比柯使照會 海二十五 行船
外斯蕩海口號燈霧鐘告示已轉行南北洋
大臣查照由

請使約廿到舊員川資歸裝及隨員職
道歸裝等項乞囬電滙由

赴藏張大臣電
咨件並請撥經費由

初八日

駐英李大臣電
復初四電事

湖廣總督文
附奏滙解江漢關籌節關費銀兩一片抄
稿咨呈由　附片稿

又一件
附奏江漢關奉撥加放俸餉銀兩一片抄稿
咨呈由　附片稿

南北洋大臣文　海二十四　行船
比柯使照送外斯蕩海口號燈霧鐘輪船告
示咨送查照由　附告示二十張

二十一日

要　山東巡撫信　海二十八　七貨輪出
禁止東盐運韓示稿可飭関道遵辦由

要　駐韓馬總領事信　海二十九　七貨輪出
鈔送東省禁運私盐運韓來函並示稿由
鈔件

東督
奉撫文　海二十六
收到安東大東溝兩関一百八十七八九結三成
船鈔罰款銀兩由

稅務處文　海三十　行船

山東巡撫文

附奏東海関解清一年洋常税一片抄稿

咨呈由　粘抄

初九日

步軍統領衙門印領

請領上年十二月分官兵看守路綫等項銀兩由

陝甘總督文

咨送報單由　附單八

又一件

仝上由　附単二

又一件

英使函稱考驗各船頓数中國可否照現改之法辦理等語酌核見復由　附件

二十三日

要

郵傳部文　海三十二、郵政類

滇越鐵路章程未聲明不准運送別國郵件應另籌辦法由

度支部
兩廣總督文　海二十七

英使所稱粵省鑄造毛銀事由粵督妥行籌辦由

英朱使照會　海三十一

粵省毛銀受虧一事已咨粵督妥籌辦理由

二十四日

法巴使照會　海三十四、

仝上由　附単一　貨税

又一件
英商運貨聯単騎縫数塗改綳呈備查由　附単一

駐奧吳代辦電
復魚電川裝銀数由

英朱使信　海十七　貨税
太古行羊毛被扣一案陝省有何回電從速示知由

閩浙總督文
附奏閩省籌解第六年第十一期新定償款滙滬一片抄稿咨呈由　粘抄

浙撫文

權度量以遵當為根一事現准農工商部核復各節請查照由

駐美伍大臣文　海三十七
改用度量衡及遣派學生考察一節俟將来考定制度後再行酌辦由

俄璞使照會　海三十六
愛琿指劃地段退讓之處可否照定俟咨行轉飭查明辦理互换利益亦請轉飭俄員和平商議由

兩廣總督電　洪五十一　洋藥
煙膏禁華入港英使請實行務希設法切實籌禁並曉諭商民即電復由

要　英朱使函　海三十九　洋藥類
禁止煙膏入港並限制土爾其等國鴉片進口兩事已分別辦理由

二十五日

附奏杭州関解清上年分内務府経費銀
兩一片抄稿咨呈由

初十日

張家口監督呈
呈繳英商採買羊毛等貨報単由
单十六張

度支部文
雲貴總督奏蒙自関第一百八十八結征收税銀
照章提撥支觧各款一摺奉　硃批知照由

酌

又一件
閩浙總督奏閩海関関務總辦派委福建藩司
尚其亨接充一片奉　硃批知照由

又一件
雲貴總督奏思茅関第一百八十八結征收税
銀及提存支觧各款一摺奉　硃批知照由

洋藥

稅務處文　海三十八
限制土爾其波斯等國鴉片進口一事希轉飭總税
司籌擬辦法聲復由

又一件　海四十一
收到鎮江関一百八十八結三成船鈔罰款銀兩由

農工商部文　海四十
俄使薩大臣電稱俄設萬國築建圖繪博覽會
中國是否派員入會即酌復由

要

貨稅類

奉天巡撫
東三省總督文　海三十三、
稅務處
木植征税辦法可照洛爾濱関道呈請各節
辦理希查照由

東三省總督文　海三十五
奉天巡撫
愛琿議劃俄商地段事抄録来往照會希轉
達江撫查辦聲復由　粘抄

十一日

酌東三省總督電

據江撫来電古思敏来議索百十一號燈照
地方萬不可許事

度支部文

長沙関請將應解練兵處平餘銀兩撥作官
銀號一節准陸軍部稱碍難照辦由

郵傳部文 海三十二

雲南鉄路郵件應否遵守前定章程八條
希見復由

十二日

庫倫辦事大臣

上年十月二十九日起至十一月二十九日止並無
俄年呈繳執照由

二十七日

東三省總督
奉天巡撫 電 六十

條議幣制尚未奏到速議復由

稅務處文 海四十二 免稅

英使函稱宜昌領署運進槍枝請免稅等語請
照案辦理由

英朱使信 海四十三 免稅

宜昌領署運進槍枝免稅事已咨稅務處照案
辦理由

二十八日

東三省總督
奉天巡撫 電

愛琿俄劃租界俄使請更正界線至互換利益
復以同時議商希查照由

日本林使照會 潛三 **稅則單照**

日商在温州採買烟葉請給聯単温道未允望
即飭該道照約發給由

又一件

最近之借款詳細情形如總稅司調查編、
成後尚望賜示由

署直督電

遵議銀幣事

十三日

駐德孫大臣信

德祥接支學費事又額外支款不敷請同
春季經一併劃撥由 附抄

江督電

要 宜昌關道電 **免稅類**

美使照請打獵子弾四千粒係大學獵鳥作標本
之用應放行等語此與尋常打獵不同即查驗放行由

要 津海關道電 **免稅類**

日本進船事請將所帶器具等物免稅放行由

粵督電

漾電悉此案如將日輪先行釋放祇扣留軍火
再議辦法希酌核電復由

三十日

日本林使信 海五十二 **免稅**

遊船材料運津已飭津關道查照辦理由

各関監督信 海四十五

盐務辦法事宜請代奏由　催解顧學堂經費由

日本林使照會　鹹十二　土貨輸出　酌　和希使照會　海四十四　洋藥

滿洲所產小麥及其餘穀類請准由海。　抄送禁煙章程由

路輸出由駐德孫大臣信件請支德祥學費由

十四日　農工商部文　海四十六

比使照稱比設農學局可否將農工商部章

程發交本國希見復以憑轉復由

樞電　要　税務處文　海四十七、免稅

電奉天川鄂浙陝各督撫議復幣事　美博士擬入內地尋獲羽毛所帶槍彈美使請

飭准運已電宜昌関道照辦由

鄂督文　又文一件　海五十一

具奏滙解三十三年十二月應還洋款銀兩一　江海関道應解一百八十八結三成船鈔罰款

摺抄稿咨呈由　粘抄　已如數收驗由

又一件　酌　俄璞使照會　海五十　開埠類

附奏滙解三十三年十一十二等月應還洋款銀

兩一片抄稿咨呈由　粘抄

又一件
附奏江漢關掃解丁未年第三批兵餉銀兩
一片鈔稿咨呈由　粘抄

東三省總督
奉天巡撫電
大孤山事

酌又文一件　設關類
北滿洲設關事　附摺二　洋文一冊

度支部文
皖撫奏蕪湖關一百八十八結稅鈔一摺錄
批咨呈由

又一件
東撫奏東海關委解一百八十八結出使經
費一片錄　批咨呈由

愛琿劃定地段南界線退讓二華里誤會之處已電該
省聲明至互換利益之處仍結轉達同時商議由

美費使照會　海四十八　免稅
博士維洛森擬入內地尋獲羽毛作動物標本所帶
槍彈已電飭准運由

要江漢關道電　洪七十六　免稅類
德使稱即子彈六十三箱由漢運川交本國兵船請
飭發護照等因即照辦電復由

憲政編查館片　堂標
度支部
現即議復直督東撫等奏添交涉道缺應緩置議會
稿一件畫齊即送還由　附會稿

北洋大臣電　繳
英商太古行羊毛在陝被扣事英使函催速結情形
若何希查明電復由

二月初一日

又一件
桂撫奏梧州關一百八十七結稅抄一摺錄批
咨呈由
又一件
北洋大臣奏安東關一百八十八結洋稅等摺
錄 批咨呈由
又一件
浙撫奏杭州關一百八十八稅抄各摺錄
批咨呈由
又一件
直督奏牛莊秦皇島兩關一百八十八結洋
稅各摺錄 批咨呈由
十五日
兩廣總督文

要稅務處文 鹹一、免稅
德使函稱有子彈由漢口運川交本國本船請飭
發護照語已電江漢關辦理由
又一件 鹹五
准日本使照詢北滿稅關各節查照速復由
又一件 鹹六
北滿州稅章日本使迭來索閱速核復由
日本林使照會 鹹四 洋藥
禁止莫非鴉及嗎啡針一事各國均已贊成照催迅
速見復由
英朱使信 鹹三 免稅
新泰興行所運行獵及槍子彈請查明數目
開送本部以憑核辦由

咨送江南陸師學堂報銷清冊由

酌蘇撫文 河十三 貨稅類

各國以洋貨運在口埠私自抽厘殊多不合茲將駐滬
領事與滬道爭論照會錄摺咨呈由 附摺

又一件

茲截至十一月十五日止續收蘇厘金銀兩發交
銀行兌收由

又一件

蘇省牙厘總局代征貨捐銀兩發交錢莊并
派員交稅司查收由

要東三省總督
奉天巡撫文 貿易類

蒙旗交涉局于道駟興派員查明俄人在扎賚
特扎薩克圖違章開設商店事

赴藏查辦大臣電 貨稅

印茶稅務事

要德電使信 鹹六 免稅

行 由漢口運川之子彈已電江漢關道發給護照由

要津海關道電 免稅類

墨使函使獵槍二枝子彈六百粒運京使館
請發執照放行等語即照辦電復由

初二日

墨胡署使信 鹹八 免稅

獵槍運京一事已電津關照辦由

初四日

駐俄薩大臣電

俄京開博覽會農工商部復稱為日已迫且章
程未寄到無從諭各商標本亦難勉辦由

要德雷使照會 鹹九 稅則單照類

准崇文門咨送摘抄稅則鈔錄照送由

十六日

酌 駐義黃大臣文

接到萬國農業會洋文合同送義外部簽字由

要 税務大臣文 貨税類

咨送總税務司所擬東三省穀類運入旅大租界章程文稿由

駐英李大臣信

密件 訪財政專家事

湖廣總督電

議覆幣制事宜請代奏

酌 法巴使照會 海二十一 國法類

東三省總督
黑龍江巡撫電

瑷琿商埠地段來電與圖説不符希查確聲復由

初五日

吏部片文

片送會奏議覆直督等請東省添設交涉道缺應從緩置議會稿一件畫齊即送還由 附會稿一件

税務處文 鹹七 貨税

日本使照稱東三省新開各埠內地運貨完税試辦章程切勿施行等語酌核速復由

又一件 鹹十 免税

英使函稱新泰興行所運行獵及作樣子彈請發照進口等語核辦速復由

要 日本林使照會 鹹十一

函送本國鑄錢院按年所著報本一分又錢法
詢表請分類填寫由 附洋漢文三件書一本

駐法劉大臣電
本期經費撥否乞示由

十七日

駐法劉大臣信 內港行船
整頓內河商船懸挂洋旗各摺片請代奏由
奏稿並譯件

比利使照會 海二十五 行船
照送本國外斯蕩海口號燈霧鐘輪船章由
告示三十七張 洋文一

前駐俄胡大臣文 使八百十八
請領田華不敷川裝銀兩并奏銷由
冊一

滿洲里於正月初四日綏芬河於正月初十日
開關征稅由

初七日

東三省總督
奉天巡撫 信 鹹十二 土貨輸出
日使照請小麥等穀輸出南滿洲等節
妥籌速復由 鈔件

稅務處文 鹹十三 土貨輸出
日使照請小麥等穀輸出南滿洲等節抄錄前後
照會並本部致奉天督撫函稿咨行查照由 粘抄

又片一件
片送會奏議復北洋大臣等奏請省東省添設交
涉道缺應從緩置議會奏稿一件畫齊即送還由 附會稿一件

初八日

度支部片

滬道申文
撥匯保和會專使大臣經費銀兩由
又一件
撥匯駐海參崴委員經費銀兩由
要 稅務處文 關法類
銅元充斥多由私運銅餅所致應由各新關稽查嚴禁由
使美伍大臣信
定期由滬放洋二月初可抵華盛頓每季應撥俸薪公費請屆時電滬撥滙由
英朱使信 免税
據福州領事電該處有西客設立鳥槍打牌會所用槍彈擬暫未結進口護照請電該督速行發給由

抄送考查憲政達大臣隨帶各員銜名清單由
附單
伊犁將軍電
籌議茶務摺所稱俄私倒灌查查明情形電復由
粵督電
飭劉道玉麟百日孝滿來京由
初九月
要 英朱使照會 鹹十四 貨稅
准稅務處咨複學蘇一項仍按照向來辦法辦理由
度支部片
伊犁將軍奏籌議新疆茶務一摺應由貴部主稿送由本部並會同農工商部辦理由

要 又照會一件 海三十九 洋藥類

英政府所擬由印度出口之鴉片烟按照商定辦法立即限制並詢問限制運進土耳其波斯及他國之鴉片中國政府至今設有何辦法請示知由

十八日

要 山東撫信 土貨販出

函復東塩運韓事 附件

浙撫文

抄送報解浙東厘金片稿由 粘抄

度支部文

浙撫奏甌海関一百八十八結收支税抄厘金等銀数録 批咨呈由

要 梅爾思面遞節略

兩廣總督電 洋藥

查禁煙膏入港事急需照復英使希查照正月歌電速電復由

初十日

税務處文 鹹十九

梧州関一百八十九結三成船鈔罰款銀兩已驗收由

十一日

要 署山東巡撫信 鹹十七 土貨販出

東塩運韓事抄送馬總領事文函由

附抄件 堂銜

要 駐韓馬總領事信 鹹十八 土貨販出

東塩運韓事按照所擬各節分別辦理由

丞參銜

裴式楷署總稅司事 附洋文

英朱使照會 海二十一

奧省鑄造毛銀與香港關係甚重應請切囑
粵督與香港政府和衷辦理由 附洋文

護川督電

遵議銀幣由

酌

日本林使信 免稅

呈進游艇事材料擬於正月二十四日由神戶運
津希查照由

東督奉撫文

咨解安東東溝海關第一百八十七八九結三成船鈔
銀兩由 附銀票一紙 解批一張

又一件

要

比柯使照會 鹹二十

照送農工商部農會商會章程各一本由
附章程二本

日本考察憲政達大臣電

考察經費已轉咨度支部撥匯嗣後請撥經
費希逕電度支部由

度支部片

考察憲政達大臣電請速撥經費查照辦理由

十二月

德雷使照會 鹹二十五

催議商約由

美費署照會 鹹二十四

咨解安東海關第一百八十七八九結三成罰款銀兩由
附銀票一紙 解批一張

十九日

願學堂紳董呈
請發三十四年分經費由 附墨領

閩浙總督文
抄送粵省籌解第六年十二期新賠款滙滬片稿
滬片稿由 附抄

要

駐法劉大臣文 鹹二十二、 內地商務類
咨送法度量衡表圖全冊請轉咨商部由

浙江巡撫電
議復銀幣事

請派員赴漁業會事已由農工商部咨行各省
督撫轉飭遵照由

度支部文 鹹二十三
法使請將所產金銀情形志表照填見復希
照照辦理速復由

農工商部文 鹹二十一
法使請將前送產金志表轉行照填見復由

要又一件 鹹二十二、
咨送法國度量衡圖表全册由 附冊一本

十四日

日本林使照會 鹹二十六
抄送稅務處原送分還英金借款數目日期表由 附表

蕪湖關道劉文 鹹二十七

駐藏張大臣電　貨稅

電達與戴會議關稅及印茶稅事請卓裁由

酌　駐俄薩大臣電

本年四月二十九日俄京開萬國建築圖繪博覽會乞咨商部允否入會由

二十日

要　爪哇泗水商務總會正副總理黃俊慧等稟

奉到農工商部奏頒關防並啟用日期乞准備案批示祗遵由

要　稅務處文　稅務

總稅司申稱一切事宜交由裴式楷先行照辦等語咨呈查照由

會辦長江防守事宜姜提督文　使八百六十四

收到三十三年分應捐京師義塾粥廠經費銀兩由

津海關道電　免稅

日本輪船載運軍刀係分贈之品查驗放行由

十五

要　日本林使信　緘三十一　免稅類

參謀總長分贈陸軍部之軍刀運津時已電津關道查驗放行由

要　南洋大臣信　緘二十九　稅則單照類

甌海關道所擬聯單章程有與條約未符請飭改定先與各領事相商由

要　稅務處文　緘三十　稅則單照類

甌海關道所擬土貨聯單章程已函復南洋大臣轉飭改擬由

赴長江會辦防守所有電報費由出使經費項下開支請轉
飭遵辦由

護理江西撫文

具奏九江關常税代征一年期滿收支併報一摺抄稿咨
呈由　附抄稿

又一件

附奏江西道庫動放三十四年第四期償款發商滙滬
一片抄稿咨呈由　抄件

又一件

附奏江西籌解三十四年第三期新案賠款發商滙滬
一片抄稿咨呈由　抄件

、酌　東三省總督
奉天巡撫文　海三十三　貨税類
木植收税事

陝西撫電

十六日

郵傳部
度支部
兩江總督
江蘇巡撫
文　鹹二十八　貨税

英使請飭江蘇厘局停征由滬寧鐵路運貨税
厘布轉飭核辦見復由

酌　雲貴總督信　鹹三十二　貨税類

雲土運入北圻事飭厘局勸諭華商另行設法
或有與法領事和商通融辦理由

十七日

吏部
憲政編查館
税務部
度支部
片文

會奏議復北洋大臣等請東省添設交涉道缺應
從緩置議一摺[illegible]定於本月二十具奏堂銜有無註寫希即聲復由

十八日

伊犁將軍電

遵議幣制事
廣電俄茶事速復由

要農工商部文　海三十四　內地商務類
度支部文　鹹三十四　洋藥
核復權度量以邁當為根一事請照復法使由
滇省土葯運入北圻一事抄錄法使照會滇督來文
並本部函稿咨呈查照由

要又一件　海三十七　內地商務類
稅務處文　鹹三十三
核復旅華英美商要我用英度量衡及遣畢業生赴英德美考查辦
法等事請電復駐美周代辦由
英使請英商運開礦炸葯得津海關道准單在上海
即行換船請酌辦由

要閩浙督電　免稅類
英領請運打牌會打鳥子彈通融放行由

十九日

東三省總督電
本日奏摺內撥給官兵荒地每晌每方計畝若干
即電復由

酌東督奉撫電
與俄人商立碼頭事

二十日

二十一日

要滬正摺　海四十九　官職門

熱河都統文

咨送哈達稅員所繳德英商人收買土貨聯單由

酌 俄璞使照會 海三十六

愛琿俄商民居住地段已退讓往北約二里請轉飭遵
照辦理由 附洋文

稅務處文 海四十一

委交鎮江關所解第一百八十八結三成船鈔銀畱

江海關道函

開道西歷上年十月各國電滙幣價由 表三紙

要 湖廣總督文 租界

江漢關即給美孚煤油公司所置日本新增租
界內基地契紙由

會奏議復署北洋大臣等請東省添設交涉道缺
應從緩置議由

要 又一件 鹹十五 洋藥類

具奏覆陳籌議禁煙與各國商定辦法由

要 又附片 鹹十六 洋藥類

附奏洋土藥稅抵借洋款現議禁煙應由度
支部籌備抵補由

二十二日

東三省總督
黑龍江巡撫文 鹹四十二 行船

黑龍江行駛華船章程仍飭於道與駐哈俄領
議訂送部核定再照會俄使由

要 法巴使照會 鹹三十九 洋藥

越境嚴禁吸煙協助中國禁煙之舉來照閱悉欣
感實灡由

二十二日

湖廣總督文

附奏宜昌沙市兩關第一百八十五結至一百八十八結應提
傾鎔折耗銀兩解滬一片抄稿咨呈由　粘抄

又文一件

湖北藩司籌撥應解光緒三十四年正月一期新定賠
款銀兩滙滬由

山西巡撫文

咨送東陽關等卡所繳英德法美各國洋商收買
土貨聯单由　单四紙

要 津海關道電　免稅類

遵飭函致新鈔兩關查照放行由

要 度支部文　稽罰類

要 英朱使照會　鹹三十九　洋藥類

禁止華煙入港事已由粵督切實辦理並經本
部奏明請港督即禁港膏入華由

美費署使信　鹹四十　洋藥

劉玉麟來京在即禁煙事俟其到京再議由

二十三

法巴使照會　鹹三十五

填寫鑄錢院詢表一事度支部復稱現正籌
議調查尚難辦理由

署北洋大臣　吏部
憲政編查館　度支部　各文　鹹三十七
稅務處　署山東巡撫

本部會奏議復署北洋大臣等請東省添設交涉
道缺應從緩置議一摺錄　旨刷奏知照由

義文使照會　鹹四十四

龍驤蚊船變價各節現經陸軍部照准由

二十三日

廣西巡撫文

呈送梧州關三聯報单由

又一件

前署梧州關監督應提出使經費銀両交商滙滬由

又一件

両関護兵口粮請緩裁撤由

又一件

九月分各處繳到報单由

義國郵傳部擬定新章暨通融辦法各節已分别咨行酌復由

又照會 鹹卅三

羅馬萬國農業會定於四月二十四日開辦已咨行農工商部查照由

、農工商部文 鹹卅六

義使照稱羅馬萬國農業會定於華歷四月二十四日開辦請查照由

英朱使信 鹹卅七 免税

新泰興行運來子弾一事准税務處咨稱俟查詢明確與章程不違背皆准放行由

税務處
郵傳部 文 鹹四十五
駐義黄大臣

義使照稱本國郵傳部擬定新章暨通融辦法等情斟酌辦理聲復由

浙江糧道電

又一件

前署梧州関監督經征收足銀兩交商滙滬由

川督文

本年二月分賠款銀兩於去年十二月交商滙滬由

又一件

川省本年初次應還英德借款銀兩交商滙滬由

又一件　行船類

具奏設川江行輪公司一摺抄稿咨呈由　抄件

要

駐奥雷大臣電

請撥經費銀兩由

漕糧事

二十四

、各國出使大臣順天府 京城各部院衙門 各省督撫 稅務處 編查館 各綂領事 海參崴委員 各文札　鹹四十一　洋藥

具奏復陳籌議禁煙與各國商定辦法又籌抵借洋款應另籌備抵補摺片錄 旨刷奏咨行欽遵由

、度支部片　實業

會議伊犁將軍奏籌議新疆茶務先就伊塔集立公司暫行試辦一摺本部業已出具會語將稿畫齊咨送由 附會稿一件 粘堂銜

二十五日

要 英朱使照會　鹹五十　洋藥類

限制土耳其波斯運進中國鴉片辦法照總稅司所擬辦理由

稅務處文　鹹四十八　貨稅

二十四日

要江海関道呈 貨稅類

呈送一百八十一結至一百八十四結洋稅收支數目

冊由 冊一

駐美国代辦申文

金山總領事孫士頤交卸回國應將該員所領在粵留

支銀兩停發除咨粵督外請查照由

東海関道申文

申報委員管解本年二月分應還英德本息銀兩

赴滬交納由

英朱使信 海甲三

宜昌領事署由香港運來槍六枝請照案轉飭

宜関免稅由

上海関道呈

日使照稱滿洲南北進出貿易應享同樣待遇等語希併

東省咨送稅章未經定議之第六端核辦聲復由

二十六日

、稅務處文 鹹五十一

本部代奏總稅務司赫德歷辦各事及蒙 恩賞各

節一摺錄 批抄奏知照由 鈔件

總稅務司劄 鹹五十二

本部代奏總稅務司歷辦各事及歷蒙 恩賞各節

一摺錄 批鈔奏知照由 鈔件

日本林使照會 鹹五十三

照詢北滿洲稅関開辦遲延並開列各節現准稅務

處咨復希查照由

要稅務處文 鹹五十四 洋藥類

限制土耳其波斯鴉片一事總稅司所擬尚屬妥協希轉飭

照辦由

呈送各國電滙幣價表由

九江關道申文

認解瑞記洋款業撥洋藥厘銀二萬兩赴滬由

上海道電

賠款鎊價數目由

二十五日

比柯使照會

比設農學局可否將農工商部章程發交

本國請酌辦由　附洋文

要　稅務處文　免稅類

美館應用軍火及炸藥已轉飭放行惟炸藥危

險甚大應請轉商各使設法阻止由

署直督文　鹹五十五

山海關應捐顧學堂經費銀兩已如數代收由

要　四川總督電　免稅類

英使稱重慶領事有來復槍十九枝希轉飭該關道查驗

免稅放行並電復由

要　英朱使照會　鹹五十六　貨稅類

寧夏花馬池捐羊毛捐一事准甘督咨復已收回原貼告示嗣

後抽於養羊地戶不阻洋商運貨由

江蘇糧道電

米糧已閱潮溼太甚白粮破碎宜從嚴選剔再運由

直隸等省電

催解館銀事

和布使照會 海卌四
禁烟事照催見復由 附洋文 洋藥

要 税務處文 行船類
洋商僱用華船往来宜昌漢口應仍照定章辦理已咨復鄂督由

步軍統領衙門文
咨領本月分看守電綫官兵口分銀両由

美費署使照會 海卌七 免税
美維博士赴內地尋獲禽鳥需用子彈請速電飭准運由 附洋文

滬道電
應否補撥駐奧吳代辦經費川裝乞示遵由

二十八日

要 英朱使節略 鹹五十九 免税
重慶領署所用槍枝已電川督放行由

要 德雷 和布 法巴 日貫 使 葡森 日本林 比柯 瑞典倭 義文 使 俄門署 美費署 古巴代辦 墨胡署 奧師贊 使照會各 鹹卌九 洋藥類
限制土耳其波斯洋葯辦法希轉飭該商人知悉由

、税務處文 鹹五十八
日本使照請將變理齊齊哈爾設関征税希查核見復由

要 又一件 免税
准英使稱重慶領事有来復槍十九枝請放行等因已電川督轉飭免税放行由

二十九日

湖南巡撫電

長沙湘潭等處設置樁標乞飭稅司購興

辦由

酌 度支部文　圜法類

具奏各種銀行則例一摺錄　旨刷奏咨呈

由　附原摺一冊

二十六日

俄璞使照會　海五十

愛琿劃定地段事來照末段所生誤會應先

改正始能給與華民互換利益由　洋文

稅務處文　海五十一

江海關應解第一百八十八結三成船鈔罰款銀兩

派員齎交由

日本使照會　鹹五

免稅類

要 四川總督電

重慶英領署准運槍枝係照案辦理嗣後各國領署如有

請運枝仍應電由本部暨稅務處核辦由

北滿稅関請速開辦並將遲延之故及所列各
節詳細答復等情由 譯文

度支部文

湖廣督江漢関第一百八十一結至一百八十四結徵收
華洋稅鈔支解數目一摺録 旨抄單咨呈由

又一件

直督奏東海関第一百八十八結洋稅收支銀數一摺
録 旨抄單咨呈由 附單

又一件

川督奏重慶関第一百八十六結應提出使經費
一片録 批知照由

二十七日

樞電

電東三省督奉天撫條議幣制希即議復由

駐和錢大臣文

續送冬季三個月通譯書記各員正領請備案由

附正領十三紙

又一件

洛呈第三次電局原帳請撥墊款迅速核滙由

附原文電局原帳一紙

英朱使信　鹹三　免税

英商所運之行牀子彈並新泰興行在秦王島被扣作樣子之子彈請轉行津關准予進口乞見復由

二十八日

陝甘督文

洛送報單由

附單一紙

又一件

咨送报单由　附单二

又一件　仝上由　附单一

又一件　仝上由　附单五

又一件　仝上由　附单一

又一件　仝上由　附单二

又一件

仝上由

附单四

陝甘督文

甘省應解三十四年第一期賠款銀兩仍皖省

放協甘餉內如數撥滬由

又一件

咨送聯单由

附单六

要

南洋大臣文　改運類

議定日商購運蕪湖米石章程由

抄摺

日本林使照會　鹹五

照詢北滿洲稅關開辦遷延之原由並開列各節

逐一速復由

海五十二

又一件　免稅

呈進遊船材料由萬成源輪船載運赴津一事該輪
已於日歷本月廿八日開行來華應用器具食物
布飭免稅由

酌

東三省總督
黑龍江巡撫文　貨稅類

暫護呼倫貝爾副都統宋所擬整頓征收俄商稅
課各節請鑒核由　粘抄

又一件

俄在愛琿設立通商及碼頭地段事務希示復由

葡柏署使照會　洋藥

照復中國禁烟事已閱悉轉達本國政府由

東督
奉撫電
商埠事

又一件

條議幣制摺即日拜發由

考察憲政達大臣電

請撥經費由

二十九日

江督文

三十四年二月鹽厘項應解賠款滙滬由

又一件

三十四年正月鹽厘項下應解賠款滙滬由

東督
吉撫文　設關類

要

會議北滿洲稅關詳細章程請查照由

清檔三

駐韓總領文

總署繙譯官陳秉焜加給薪水以示鼓勵由

駐日本李大臣文 使八百六十八

長崎文廟地租可否仍照舊章由本大臣發給歸於特款項下報銷希見復由

湖南撫文

長沙關一百八十八結征收各項稅銀清冊請查照由 單一冊四

代理江西撫電

宥電悉已照日領並各關通遵照由

江蘇撫文

蘇省牙釐局代征十一月十一日起至十二月初十日止代征貨捐銀兩交滙豐銀行由

三十日

德雷使信　河三十　免稅

駐漢口領事雷稱有子彈卒三箱擬由漢運川交
德國兵輪應用請電飭江漢關道發給護照由

英朱使信　貨稅

太古行羊毛在陝被扣一案請飭津海關迅速辦
結由

酌崇文門商稅衙門文　鹹九　貨稅類

前次所收德商瑞記洋行洋泥稅銀既聲明係照歷來辦法
自可毋庸請轉復德使由　附抄摺

津海關道電

復勘雷飭辦事

度支部文

奏報金陵關第一百八十八結征收各稅並支解數
目一摺錄 批咨呈由

度支部文

奏報宜昌關第一百八十八結收支各款一摺錄 批
咨呈由

又一件

奏報騰越關第一百八十八結收支各款一摺錄 批
咨呈由

酌南洋大臣電 改運類

日本運米請照漢口轉運辦法已飭查照仍嚴行
查驗以杜流弊由

二月初一日

墨胡署使函 鹹八 免稅

使館運獵槍二支槍子六百粒請再飭津海
關道給照放行由

公立崇實中學領
應領本年春季捐款銀一百五十兩由

酌

東督
黑龍江巡撫文

濱江道請准小麥木料出口並請作為原議北滿洲
稅章附條等因希核復由

貨稅

駐奧雷大臣電
呂數琦辭差請以黄壽慈調充並請照給該生川裝由

酌

日本林使照會 鹹十二

土貨輸出

請將滿洲所產小麥及他穀類准由南滿洲自路運
往外國望速復由

又一件 鹹七
稅務司所定通關試辦章程切勿施行由

譯文

東督
黑龍江撫電

俄索燈照以上地段事

初二日

浙江巡撫文

附奏報解三十三年六月至九月浙東厘金銀兩一片 錄

又一件

附奏杭州関滙解上年內務府經費一片 錄
批咨呈由

又一件

抄送籌解三十三年第七十三次新賠款滙滬奏稿由 附抄

又一件

附奏浙海関報解三十三年三月期原續撥
俄法借一片録　批咨呈由

廿　督文
咨繳津字一千一百三十七號聯单由

又一件
咨繳津字第二千三百五十九號聯单由

要　美費署使照會　免稅
電宜昌道准維洛森將打鳥槍子運入內地
實深感謝由　洋文

要　税務大臣文　鹹十一　設關類
總税務司申　滿洲里綏芬河兩處開関征
税日期由

要　津海關道電　免税類

黑使槍枝遵電給照由

初三日

駐奥雷大臣電

收到經費由

九江關道呈

内務府經費銀兩數目交商滙解由

又一件

籌解第二期應攤俄法還款銀兩委解

江海關投收由

兩江總督文

江海關應還三十三年第一百三十六七九兩次滙豐德華

兩銀行各英金查照市價購付由

劄農工商部文 鹹六十一 博覽會類

俄京博覽會四月杪開會為日已迫所有商會模型標本難以尅期集事遂復薩大臣由

英朱使信 鹹十 兌覜

函復英商運來子彈在秦王島被扣事該子彈係其英行運寄新泰興作樣之件由

初四日

憲政編查館文

議復直督請設山東交涉道暫從緩議會稿開列堂銜咨送俟有奏期知照由 附奏稿一件堂銜一帋

要 駐英李大臣文

咨呈商務報告由 坿報

要 又信一件

英外諭派署捴税司各節又上年十月分經費
已否在春季内補撥由

度支部文

湖廣督奏沙市関一百八十八結收支銀數一摺錄
旨知照由

又一件

川督奏重慶関一百八十六結征收各項税銀一摺錄
批抄単知照由

酌日本林使照會 土貨輸出

請速允滿洲小麥等糧由南滿洲運洋並見
復由

度支部文

閩浙督奏洋債期迫擬截款應急一摺錄
旨抄奏咨呈由 粘抄

又片一件

應撥考察達大臣經費究竟人數若干需用若干希
詳細片復由

初五日

要稅務處文　免稅類

駐宜昌英領事由香港運來槍枝已飭總稅司准其
免稅由

要又一件　貨稅類

苧麻一項仍應按照向來辦法辦理未便改易由
附抄件

酌美費署使信　洋藥

聞劉玉麟現在丁憂萬國會查鴉片事能否先行提
議由

要稅務處片文　行船類

湘江至湘潭渡道業經逐處勘明應設引洪浮
樁并安置各費需已轉飭稅司遵辦由

度支部片文

會奏稿已畫訖原稿一併呈貴部查照由

酌

駐德孫大臣文 內地商務類

詳陳度量衡事 附書一本

初六日

要

軍機處交抄片 貨稅類

長庚奏為籌議新疆茶務應請劃清界限先就伊塔集立公司暫行

試辦另立票額完納課釐以濟蒙哈日食而杜俄私倒灌酌擬章程

等因摺奉 硃批該部議奏單併發欽此清單一

安徽撫文

咨送罰款銀數清冊 附冊一

初七日

新嘉坡左總領事呈

申報領事館照費數目又護照船照事 附摺

稅務處文 緘十九

梧州関滙解船鈔罰款銀兩派員赴部交納由 附票一件

要 駐韓總領事申文 緘十八 貨稅類

馬廷亮

籌辦運鹽情形請知照日使暨山東巡撫一体遵照行由

要 又致丞参信 緘十八 貨稅類

詳述韓國運鹽會社情形并辦法又譯呈京城日報由 附抄摺

湖廣督文

具奏滙解三十四年正月應還洋二月分新案賠款銀兩一摺抄稿咨呈由 抄件

又一件
附奏宜昌關遵收洋貨稅銀委解江海關一片抄
稿咨呈由　抄件

又一件
附奏江漢關遵收洋貨稅銀一年期滿稟報一片抄
稿咨呈由　抄件

東三省督
黑龍江撫　電
燈照至頭道溝里數已飭洋查候復到奉達由

要　稅務處文　實業類
咨送南滿洲山鹽事實洋文閱冊由
冊一本

初八日

要　農工商部文　鹹二十　實業類

要

咨送農會商會章程各一分請轉交比使由　附章程二分

酌法巴使照會

本國工部咨詢貴國所產金銀情形附送詢表請轉咨填寫交還由　附洋文並表

兩江總督文

上海裕通仿織有限公司司賬劉東卿捲逃巨款有同茂元行與之牽涉託名義商應即咨明查照由　附清摺一扣

吏部片

議復北洋大臣等奏東省添設交涉道缺奏稿業已畫齊何日具奏希先期知照由　附會稿一件

初九日

英朱使信　[illegible]

上海英商所購𦍑蘇沿途征厘過重請商稅務處變通並示復由

粵督文

咨繳廣東各関自三十三年正月起至十二月止一聯
撥单由　附单七十四張

要　税務處文　鹹二十六　償借類

咨送度支部抄録鎊虧表冊請轉復日使由

庫倫辦事大臣文

咨送報单由

要　滇督文　鹹三十二　貨税類

雲南征收運入北圻土藥厘税係遵　旨
籌辦碍難議減請酌復法使由

上海道信

西歴一千九百八年正月下旬各國電滙帶價列
表開呈由　附表一

要

南洋大臣文 鹹二十九 税則單照

甌海關擬定發給華洋商人領單買貨試辦章程由

考察憲政達大臣電

請撥經費由

農工商部文 鹹二十四

美國開萬國漁業會請屆時派員赴會已咨沿海各督撫轉飭此項公司能否派人入會請先核復美使由

初十日

庫倫辦事大臣

咨報上年十二月並無俄員呈交憑票由

南洋大臣文

歸工司

具奏金陵製造洋火藥局支用經費造冊報銷一摺抄稿咨呈由 附奏摺一冊四本

又一件

附奏金陵洋火藥局照額減製火藥節費備用暨歸併金陵機器局並管一片抄稿咨呈由

又一件

滬關經理濬浦工費造冊報銷由

又一件 鹹二十七

江海關撥滙桴和會經費銀兩由

順天府文 鱗十四

呈送本年春季當商繳款表冊由

蕪湖關道呈 鹹二十七

呈觧上年應捐義塾經費由

要東督奉撫電

商埠界線事燈照

要赴藏張大臣電

西藏商埠章程事

酌英朱使照會　賛稿

滬寧鐵路運貨釐局違章征收釐金請速咨該省按

約辦理由

要崇文門稅務衙門文　免稅額

具奏変通官物免稅辦法暨征收落地稅項各摺

片錄　旨刷奏知照由

十一日

貴州撫文

附奏攤解賠款抄片咨呈由

駐美周代辦文

收到十二月分經費由

粵督文

咨報上年十月分由香港出口軍火件數由

要 東三省總督
黑龍江巡撫文 稽罰類

敖罕旗喇嘛盜賣荒地案抄錄原稟咨請
鑒核由

滬道申文

遵撥駐英使館春季經費銀兩由

又一件
遵撥駐法劉大臣經費銀两由

又一件
遵撥駐德使館春季經費銀两由

滬道申文
遵撥駐日本使館春季經費銀两由

又一件
遵撥駐比李大臣經費銀两由

又一件
遵撥駐和使館春季經費銀两由

又一件

遵撥駐奧周代辦經費及參隨田華川裴銀兩

又一件

遵撥赴藏張大臣經費銀兩由

又一件

遵撥駐俄使館春季經費銀兩由

又一件

遵撥駐奧吳代辦正月經費及拔季參贊等田華川裴銀兩由

又一件

遵撥駐奧吳代辦歸裴川資銀兩由

廿二日

德雷使信

請將直隸山東及南京厘稅局與江蘇淮安關光緒一三十一二三年之均分厘稅進款數目聲明布覔復由

税務處片

會奏復署北洋大臣等奏請東省添設交涉道缺應從緩置議摺稿并開列堂銜片送由

酉

駐義黄大臣信

請派議員入義農業公院事併繕呈各國入會所認等第議員由

度支部文

直督奏津海關一百八十五六七八結收支洋藥厘捐數目一摺錄 旨知照由

又一件

直督奏津海秦王島兩關一百八十八結並舊管實存各數目一摺錄 旨批單咨呈由

十二日

安徽巡撫文

咨呈蕪湖新關由一百八十五結至一百八十八結税抄等
項清冊請核銷由

酌

東督
江撫文　稽罰類

北郭爾羅斯前札薩克以地抵債經三喇嘛租給俄商一案杜
道等會議辦法事尚可行業經批飭辦理俟完結再行咨報由

張家口監督申文

呈繳報單執照由

要

東三省總督
黑龍江巡撫文　鹹六十三　稽罰類

禁止華人地照抵押外人事請照催俄使轉飭領
事遵照並見復由

江海關道信

西二月上諭各國幣價列表開呈由　附表

南洋大臣文

金陵關一百八十九結賠款銀兩交商滙滬由

又一件

浙海關一百八十六七八結華洋稅鈔銀數由　單三

又一件

浙海關一百八十六七八結華洋各國船洋葯釐
金等項銀數由　單三

又一件

浙海關一百八十五結華洋稅鈔等項銀數由　單一

又一件

又一件
浙海関一百八十五結華洋各商船洋藥釐金並
各項銀数由　単一
十三日
陝西巡撫文
咨繳聯単由　聯単一百張
度支部片
左侍郎已奉　旨派署請將會議奏請東省添
設交涉道缺應從緩議撋稿送部補畫由
兩廣總督電　稽罰類
華烟入港貿易現已飭設法查禁由
十四日

日本林使信　　免税

擬贈陸軍部各官軍刀運津時請飭免税放行
希見復由

要　兩江總督文　　償借類

咨呈江海關經理光緒三十三年半年第一次新案賠款收
支實存各數清冊並攤付利息及扣息清由　清冊摺各一

又一件

咨呈江海關三十三年上半年經收各關常增税及漕折等項
收支各數清冊由　冊一

要　又一件　　償借類

咨呈江海關應還道勝銀行購付第二十五期俄法洋
款佛郎價值清單及照譯銀行收據由　清摺二

要　又一件　　償借類

江海關應付續借四厘五金款第一百十七八結本息購
鎊分付由

要又一件　償借類

江海關詳稱應還瑞記洋款第二十四次利息購鎊付給由

要又一件　償借類

江海關詳稱息借英德洋款第一百三十六七次應還金鎊向滙豐德華銀行購付由

又一件

金陵關詳稱認籌光緒三十四年各國賠款第二次銀兩滙滬由

又一件

江甯藩司應解三十四年正月分第七年第二期和約賠款銀兩先期滙滬由

又一件

金陵關認籌江京兩防改設新軍兵備處官弁薪餉銀兩解交江甯藩司兑收由

赴藏張大臣文
呈復收到經費日期由

又一件
同上由

又一件
同上由

又一件
同上由

度支部片
續撥達大臣考查經費請轉電見收由

又文一件　實業

甘督奏辦織呢局在統捐項下撥款事應逐一詳細報部

其所立合同擬辦章程各事一併送部核辦由

十五日

東海關道申文

本年三月分應還俄法本息六成銀二萬二千五百兩

委解江海關由

歸庫司

粵督電

太古行試運煤斤事

酌

東督　開埠類

江撫　文

先後與俄員磋商議埠等件抄稿咨呈由

粘抄

又一件

行船

黑龍江行駛華船規則一案究應由何處議 行船
訂請鑒核速復由

江海關道信
咨送西二月中旬鎊價由
附表

九江關道信
應捐粥廠經費自當提前籌解由

山海關道信 鹹 五十五
先將本年春夏兩季應捐粥廠經費批解直
督轉解由

度支部文
山海關應解本年俄法英德四國洋款暫行
改撥一半由

英朱使說帖 鹹 三十三

英商經滬運津開礦炸葯已得有天津准单
者請准即行換照勿得遲延由　附譯件

津海關道電
復　寒電已遵飭查驗放行由

十六日

寗夏將軍致軍機處電
河東地開渠即可耕種由

前使俄　胡大臣領
請領補給川資銀兩由

南洋大臣文
遵撥續整使俄薩大臣川裝銀五千兩交商
滙京由

要　駐日本李大臣文　博覽會類

咨報日本大博覽會開閉日期並會中情形由

度支部片

片送復奏伊塔茶務正會奏稿交片清單請出會語送還由　附件

十七日

德雷使照會

續議商事已轉達本政府由

甘督文

日商呈繳騐單由

又一件

英商呈繳聯单由

又一件

德商呈繳聯单由

又一件

英商呈繳聯单由

又一件

德商呈繳聯单由

又一件

英商呈繳聯单由

又一件

同上由

又一件

同上由

又一件

同上由

度支部文

東撫奏東海関洋税項下應提使費觧滬一片

錄　批抄单知照由

又一件　鹹三十五

圜法類

咨復法使添鑄錢院詢表一事現正籌議調

查尚难填寫由

又片一件

片送補畫繪奏東省添設交涉道缺應從緩置議
會稿一件俟有具奏日期布知照由　附會稿

十八日

兩廣總督電
劉道玉麟約月初動身俟有定期再聞由

駐日本李大臣文
滬道解到三十四年春季經費由

要駐英李大臣文　洋藥類
英外部將中英禁煙文牘編印成冊咨呈查收由

駐德使館書記生陳以復呈
繳還多支銀兩並請換給憑單由

憲政編查館片

會議東省添設交涉道缺應從緩置議一摺奉

館大臣協辦大學士鹿銜下註差由

度支部片

議復東省添設交涉道缺一摺本部堂銜均

無註寫由

十九日

軍機處發東督電

電詢江省旗丁生計摺內每晌每方計畝若

干由

税務處文

會奏東省改設交涉道缺摺本處堂銜均

無註寫由

湖南巡撫文

暫借節年南漕奏支滙解第七十五期賠
款由

又一件

第七十五期應解新案賠業經交商滙滬由

滬道稟

呈送鎊價表由

江督文

咨送金陵関朱署道任内經征稅鈔收支各
數清冊由

皖撫文

咨送蕪湖関第一百八十八結洋葯稅厘收支清
冊由

又一件

咨報蕪湖關自三十二年七月起至十二月止所收
户工税銀數由

要義文使照會 鹹四十五
令本國郵傳部擬定新章請行知駐義大臣斟
酌辦理並希見復由

酌又一件 博覽會類
一千九百十一年為義國中興五十年大記念因此舉
辦萬國賽會請派員入會並希見復由

酌又一件 鹹四十六 博覽會類
萬國農業會公所開門之始定於華歷四月二十四日在
羅馬京城翁柏爾得第一院內請查照由

伊犁將軍電
電復伊塔茶務情形由

税務處片 鹹四十七 免税

新泰興行所運行獵子彈尚未逾數惟究係呈與
何人經查詢明確有應議行請轉復英使由

要 又一件 鹹五十四 洋藥類

總税司所擬限制土耳其波斯運進中國鴉片分年遞減
辦法請查核轉復俟議定後仍復見復由

要 法巴使照會 洋藥類

法屬越境亦設法禁止鴉片由

商約盛大臣

造送議約經費第四次收支數目清冊由

吏部片

片送堂銜由

二十日

要 軍機處交抄片 行船類

劉式訓奏請飭稅務大臣厘定稽查船隻劃一章程並嚴定船隻懸掛洋旗限制一片奉 硃批稅務大臣議奏欽此

酌 東三省總督信

日使援引中俄通商條例擬將東三省小麥及其他穀類准由海關出口事

駐海參崴桂委員申文

造報收支第十屆常年經費清冊由

又 副詳

仝上由

酌 兩江總督文

具奏詳籌官民禁煙分別遵章實行及碍難遽辦公債票一摺抄稿咨呈由

度支部文

贛撫奏九江關收支一百廿八結洋稅數目摺錄 批知照由

又一件

川督奏重慶關委解第一百八十七結銀兩赴滬兌收一摺
錄 批知照由

又一件

湘撫奏接辦租界等工請撥關稅銀兩並懇將此項工程
估需經費准在長沙關洋稅內動撥各摺片錄 批知照由

要 赫總稅司申文 鹹三十六 稅務

詳陳在華五十年歷辦各事可為日後基礎及歷蒙
恩賞激下忱應否代奏希酌奪由

江督文一件

附奏還蘇省前借瑞洋款第二十三期本息銀兩由 抄
稿咨呈由

江蘇撫文

具奏蘇省新定賠款十年六月第七期至十一月第十二期
按月解清抄稿咨呈由

又一件

附奏部籌賠款銀兩十年六月第七期至十一月第十
二期按月解清抄稿咨呈由

東督
江撫 電

覆皖電江省荒地畝數事

二十一日

要 稅務處文 鹹五十三 設關類

北滿稅關事

日本林使照會 鹹四十八 貿易

滿洲南北進出貿易應享同樣之待遇由

二十二日

署直督文 鹹五十五
咨解䪨學堂經費由

閩督文
籌解本年二月分應還英德借款交商解滬由

又一件
籌解第七十五期賠款交解滬由

又一件
籌解撥抵本年二月分第三期新案賠款由

度支部文

閩省前欠濬浦經費應令妥速設法各數解滬由

二十三日

駐俄薩大臣文

咨呈劉代辦任內收支各款清冊請核銷由

又一件

收到劉代辦任內解存銀兩及本大臣上年年底七天開支仍照舊章造報由

護理川督文

籌解三十四年滙豐銀款交商滙滬由

又一件

籌解本年應解俄法借款交商滙滬由

又一件

籌辦本年三月分新定賠款交商滙滬由

要 甘督文 鹹五十六 貨稅類

咨復收回抽捐告示並查復皮毛辦法由

要 署山東撫信 貨稅類

馬提領事所擬東鹽運韓三層辦法已飭遵照由

熱河都統文

咨送商賈貨聯單由

又一件

仝上由

駐俄薩大臣文

咨呈上年年底七天收支清冊請核銷並聲明俸薪
一項係照新章核發由

又一件

修理使館費並額外人員薪金及參隨添租房
屋等項擬請於前領川裝結存項下開支先
行咨部查照由

又一件

咨呈由華赴俄川裝清冊請核銷由

酌日本林使照會 鹹五十八

滿洲里及綏芬河設立稅關事迄今尚未奉到復文並請
速將璦琿齊齊哈爾松花江上統設稅關由

駐俄薩大臣信

接收結存銀兩事又開支經費並来俄支用川裝
等冊希飭核准銷由

伊犁副都統電
齊巧兩電均達長將軍催令速復由

酌 伊犁將軍電
巧電悉齊電已具諫電復再申俄通商章程實
有百里內仕貿易字樣由

倉場文
請代發浙江粮道電由

酌
二十四日

酌 軍機處交片 貨稅類
惲毓鼎奏部議試辦印花稅宜再酌改章程一摺
奉 旨該部知道欽此

江督文

滬關遵撥法比奧美各館及駐藏經費銀兩由

又一件

滬關奉撥美俄德和日本等館春季經費由

又一件

洛送甌海關一百八十九結華洋船鈔及支解各款清單由

山海關副都統文

附奏上年酬應各國聯軍動用款項一片錄　批抄稿

咨呈由

江海關道呈

遵撥駐美伍大臣新章二三兩月經費由

又一件

遵撥奧館吳代辦歸裴川資補解二十兩由

又一件

奉撥駐奧雷大臣春季經費由

浙江巡撫文

甌海關一百八十九結華洋各税應提使費滙滬由

度支部文

浙撫奏甌海關一百八十九結征收華洋税鈔並支銷數目一摺錄　批知照由

又一件

浙撫奏長沙關一百八十八結收支税數一摺錄　批知照由

又一件

蘇撫奏蘇州關一百八十八結征收開支各款一摺錄 批知照由

二十五日

要使俄薩大臣文 鹹六十一 博覽會類

譯呈博覽會詳細章程由

廣西巡撫文

咨呈南寧關第一百八十六七兩結支銷經費清冊及一百八十七結征收税項等清冊清單由

陝甘總督文

附奏甘省光緒三十三年分應攤洋款已按期解清一片錄〇〇批抄片知照由

又一件

甘肅省應解光緒三十四年第二期賠款仍由安徽協甘餉内撥交由

湖廣總督文

具奏滙解三十四年二月應還洋款三月分新案賠
款銀兩一摺抄稿咨呈由

又一件

湖北藩司籌撥三十四年二月一期新案賠款銀兩
滙滬由

陝甘總督文

咨呈嘉峪關第九十二結征收進口正税子口税數目
清冊由

又一件

咨呈嘉峪關第九十二結征收子口單費清冊由

又一件

咨送報單由

又一件

同上由

又一件

同上由

要

赫總稅司申呈 鹹三十六

稅務

補呈妥辦西藏事宜請敘入前次申文由

英甘參贊函遞節略 鹹五十九

免稅

來復槍由香港運至重慶本埠請轉電重慶関免稅放行由

署總稅司裴式楷信

前在上海造冊處暫存手用印字機等件是否仍可收用希示復由

二十六日

駐奧雷大臣文
核收移交經費銀兩由

酌湖南撫文　改運類
米石由長沙赴日本一事查明實在情形請
照復由

駐德孫大臣文
咨呈上年冬季金銀市價冊由

北洋大臣文　鹹六十　貨稅
太古行羊毛被扣一案經會訊辯論華伙既不允服英
領亦不退讓抄錄華伙供詞英領函照咨呈核奪
示復由

保和會陸大臣文
發給法律學士陳籙川裝銀兩准其先行回
國赴館由

都察院片

請代發直督等省催解餉銀電由

度支部文

浙撫奏浙海關第一百八十一結至一百八十四結征收華洋各税數目一摺錄　批知照由

倉場衙門文

請代發江蘇粮道電由

要　考察商務楊大臣文　貿易類

具奏考查南洋華僑商業情形一摺錄　旨抄奏咨呈由

滬道電

賠款贖價目由

二十七日

劄黑龍江巡撫文　貨稅類

俄商由黑河運貨暫訂值百抽五稅章俟関
稅議定即照新章辦理由

粵督文

本年二月期滿應還英德借款銀兩交商
滙滬由

九江関道呈

呈報起解度支部內務府銀數日期由

閩督文

籌解第七年第一期償款片稿抄送由

陝甘督電

董福祥家屬報効二十萬兩捐助二十萬兩謡傳
已請由

二十八日

安徽撫文

具奏本年正月分第七十四次新約賠款一摺抄
稿咨呈由

駐英李大臣文

請核銷川裝銀兩由

英朱使信　先覆

新泰興行作樣子彈請飭津道放行并日後英
商運來子彈請從寬限制由

湘撫文

咨報光緒二十四年春季賠款等項銀两交商滙滬由

又一件

咨報本年春季賠款銀两交商滙滬由

又一件

咨報本年春季賠款等由漢官錢局解滬由

要 度支部片

覆奏惲學士毓鼎奏酌改印花稅章程一摺由

本部辦理由

要 護川督電

免稅類

英領洋槍已遵飭放行此後應否准放乞示遵由

滬道電

駐和錢使請撥施昭常川資應否照撥乞示

遵由

[illegible]

甯夏將軍副都統電

請截留董福祥報効銀兩以資開墾并撥留

槍枝祈代奏由

二十九日

酌

美費署使照會 [illegible]

南京厘金總局抽收油捐有背約章相應

抄錄該局示諭照請速飭停止由

湘撫文

咨報長沙關一百八十八結罰款銀兩仍俟彙案滙解由

又一件

長沙關一百八十八結關平平餘銀兩未便截留仍彙案
解陸軍部由

又一件

長沙關一百八十八結開支各項數目咨請查照由

又一件

長沙關一百八十八結應解三成船鈔仍俟彙解由

又一件

長沙關一百八十八結提存值百抽五及舊免稅新征
兩項銀兩數目咨請查照由

又一件
造送經收碼頭捐銀兩清冊由

蘇撫文
蘇省牙厘局由上年十二月至本年正月代征貨
捐銀兩已交滙豐銀行由

又一件
咨報一百十五次松滬厘捐銀兩交滙豐兑收由

又一件
咨報江海關一百八十八結華洋稅銀交北洋兑收由

又一件

咨送一百八十一結至一百八十四結出使經費清冊希核銷
並請催未解各關補解由

又一件

咨報江海一百八十八結華洋稅銀解交南洋由

滬道文

呈解奉提續墊使俄薩大臣川裝銀兩交商
滙京由

美貴署使照會　　貨稅

直隸順德府及山西太原府抽收煤油稅有背商約
照請查照見復由

酬

法繙譯穆文琦信　　洋藥

昨接來照云稅務司擬定限制土耳其波斯土按年遞
減一事此項照會是否通行抑僅致本館希示知由

度支部片

議復伊犁將軍奏籌新疆茶務劃清界限先就伊塔試
辦一摺定於三月初四日具奏前送堂銜有無註寫務於
初三日聲復由

旧

三月初一日

保和會專使陸大臣致丞 叅信

函請三月後暫准月給津貼正二月分請先飭撥五千兩由

要

美費署使信

美國博士柯拉克赴中國西方各省考察地質等學其行李機件已抵漢口請飭該關准其免税放行由 洋文

免税

初二日

要

軍機處交抄摺

徐世昌等奏遵旨籌議東省借款辦法摺奉硃批著照所請該部知道欽此

償借類

酌

東三省督文 河五

貨税類

三月初一日

要

俄阿署使照會

江省有以放荒小照作質官府斷不承認事請速飭該處領事遵照由

稽罰類

東三省總督

黑龍江巡撫文

江省有以放荒小照作質官府斷不承認事已照催俄使轉飭遵照由

北洋大臣文

英行太古羊毛一案希電知陜撫核奪辦法聲復由

貨税

要

農工商部文

准駐俄薩大臣譯送俄京圖繪博覽會章程咨請查照由

博覽會類

咨爾濱道呈稱木料出口擬令照章上稅議准作為北滿原議
稅章附條與稅司及俄議員意見相同前文漏未分晰請鑒
核更正由

駐奧吳代辦申文

造報經費清冊由

要

津海關道申文　免稅類　要

申復日本參謀總長運到贈送陸軍部軍刀已飭查
照放行由

美館賀多馬致
司員恩厚信

漢口海關已將博士柯拉克游歷行李等件放行請將
前函註銷等情由

度支部文

附奏各省認籌專使經費照數按年解部片
錄旨欽遵由

歸庶司

度支部片

議復伊犁將軍籌議新疆茶務劃清界限一摺本
部堂銜並無註寫再行開单咨行由

初二日

法館繙譯穆文琦信　洋藥類

前所改限制土耳其波斯土一事照會係屬通行
之件由　參丞銜

稅務處文　免稅

英使稱新泰行運津子彈作樣之件難指呈
與何人請給照進口等因核辦見復由

初五日

護理川督電

入一件

浙撫奏杭州關收支一百八十九結洋葯厘金數目摺單錄批
欽遵由

步軍統領衙門文

支領看守鉄路電杆官兵口分並煤炭油燭銀兩由

初三日

和希使照會 河十一 貨[illegible]

抄送各國領事與滬道來往照會應請札飭上海厘金局勿得收取華洋商人洋貨及出土貨在通商口岸厘金由 附洋文並抄件

閩督信

閩海關應解義塾粥廠經費銀兩即日如數籌解由

旨趙爾豐電奏懇所請展緩停鑄銅元各節著度支部
議奏欽此

度支部片 初六日

抄送護理川督暫緩停鑄銅元來電並 旨

北洋大臣函 貨[illegible]

順德府抽火油捐事美使來照又提及應另籌辦法從速聲復由 抄件

山西巡撫函 貨[illegible]

太原府抽收煤油稅美使照稱有違條約應另籌辦法速復由 抄件

稅務處文 貨[illegible]

准東三省總督咨哈爾濱木料出口納稅前文不甚明晰請更正由 抄件

兩江總督文
江甯應解第七十六期賠款銀兩交商匯滬由

又一件
金陵關征收第一百八十九結罰款銀兩另款存儲由

署山東巡撫文
應解本年五月分新定賠款銀兩交商匯滬由

蕪湖關監督申呈
捐助京師義塾粥廠經費銀兩已呈解由

九江關監督申呈

、南洋大臣電
德艦遊弋鄱陽湖事既滬道照會各領有案祇可暫時飭屬保護仍須訂明不得捺礙久留湖中由

初七日

要 英朱使節略
英商運開鑛炸藥應先期將擬運數目报由津關知照滬洽與換船单據由

南洋大臣信 貨税
金陵火油捐一事再抄送美使来照布酌核速復由

美費署使照會 貨税
煤油捐事已轉達山西巡撫並再行知直隸總督催其速復由

征收第一百八十八結洋稅銀兩解滬先收由

又一件

提存第一百八十八結出使經費銀兩解滬先收由

要

俄阿署使照會　洋藥類

中國禁煙丹國甚願贊成由　附洋文

又信一件　河　三十一

本年四月俄京開設萬國行船會請派員入會由　附章程

初四日

協和醫學堂收条

壯契刀

又一件　賢齡

南京抽油捐事已轉達南洋大臣催其速復由

長蘆塩運使信

願學堂經費銀兩已代收轉交由

浙江巡撫電

運米事

初八日

浙撫粮道電

浙漕應認真由

收到本月津貼由

長蘆盐運信 河十

撥寄本年應解義塾粥廠經費由

附銀

湖廣督文

委解本年正月分江漢關增收税銀由

又一件

委解江漢關第一百八十八結船鈔銀兩由

又一件

委解江漢關第一百八十八結罰款銀兩由

初九日

要 津海關道電 免税

日本陸軍參謀本部寄贈中國官憲軍刀一口到津

時即查驗放行由

初十日

酌 領銜和希使照會 貨税類

口岸內地界限係未經議定之問題上海厘金辦理

已歷多年何必紛紛置辯由

江蘇巡撫文 貨税

上海厘金事領銜公使來照本部已駁復抄

錄來往照會咨行查照由 粘抄

要 俄阿署使照會 設關類

俄官在拉哈蘇蘇越界設關請電政府立即撤

還俄境由

要

税務處文 河九 税則單照

英商如運開礦炸葯可先期報津轉滬預備換船單
據隨到隨給以免遲延由

廣西撫文

咨送華洋商往內地買貨報單由

附單二十二張

又一件

仝上由

附單二百五十六張

墨胡署使照會 洋藥

禁烟事已轉達本國政府由

洋文

護理川督電

日本林使信 免税

陸軍參謀部寄贈華官之軍刀到津時已飭津
關道查驗放行由

税務處文

江漢關一百八十八結三成船鈔罰款並聯單逾限罰
款已收訖由

十一日

順天府劄

俄人八達瑪業福房契被燬請補發新契由

税務處文

英使請以秦王島附入東三省開埠試辦章程
之並展繳銷專照限期酌核見復由

川省銅元請暫緩停鑄乞代奏由

南洋大臣電
德艦提盖欲於西四月入鄱陽湖游弋如何辦理祈
詳籌酌定示復遵辦由

初五日
奉電旨一道
奉
旨趙爾豐電奏悉所請展緩停鑄銅元各節著
度支部議奏欽此樞歌

陝甘督文
咨送報單由 附單

又一件
仝上由 附單

要 度支部文
繳銷泸字第二十五號關票由

要 度支部文
繳銷金字第二十六號副票由

堂諭壹道
禁除鴉片烟事分別責成嚴切限期戒斷由

駐俄薩大臣電
日本李
奉 旨戒烟事欽遵辦理並轉各使館由

十三日

又一件

仝上由　附單

駐和陸大臣電

請撥正二月經費數目由

度支部文

湖南撫奏岳州關一百八十五結至一百八十八結征收稅

鈔解支數目一摺錄　批咨呈由

初六日

要

兩江總督文　免稅釐

附奏甯省官築鐵路各項料物援案請免稅

釐一片抄稿咨呈由　附抄

稅務處文　洋藥

津海關會訊英商私運藥引一案照錄供詞案情

咨請酌核聲復由

要

重慶關道電　免稅釐

禮和運槍并子彈既在沪領照應准蓋印照放行由

湖廣總督電　免稅

德兵艦自帶軍火既係德領函請護照應分

飭照發由

十四日

民政部文　洋藥

准和希使照詢京師及各省禁烟有何成效一節

希查照由

又一件

江甯藩庫及厘局並淮北鹽課項下籌解第七年
和約償款暨各項撥抵賠款銀兩交商滙滬由

又一件

江甯藩庫籌解第七年第三期和約償款交
商滙滬由

要 又一件 河二十 償借類

付還克薩鎊款第二十五期利息收回滬字第二
十五號關票由 附關一張

要 又一件 河十九 償借類

撥付滙豐借款第二十六期本息取回金字第二
十六號副票由 附副票一張

又一件

稅務處文

收到宜昌關第一百九十六結三成罰款等項銀兩由

農工商部文

前送梅勒本地方賽會物品現已寄回到部請
派員來取由

要 義文使照會 內地商務類

中國整頓度量衡並未擬定按邁當法度辦理由

十四日

稅務處文 洋藥

英商怡和行私運葯引一案抄錄英使來照洛
行查照辦理速復由

金陵關應解本年二月分第三次各國賠款銀
兩交商滙滬由

庫倫辦事大臣文
上年十二月二十九日至本年正月十九日並無俄商
在恰克圖買賣章京衙門呈交憑票由

又一件
俄商庫庫斌巴蘇布等解送張家口販賣麝香
限票已由恰克圖章京加蓋印信由

駐英李大臣文
收到本年春季經費銀兩由

葡柏使照會 洋藥
准照稱聞於波斯土耳其運來中國之鴉片煙等
因均已閱悉由

和希使照會 洋藥
籌禁鴉片一事將中英商定辦法抄送查照由

十五日

和希使照會 洋藥
抄送禁煙章程由

十六日

署直督文
津關應捐本年京師義塾粥廠經費口代
收由

郵傳部文

新授駐和陸大臣電
請撥江煌川裝銀兩由

署總稅司申文　使八百七十八
呈送粵海關光緒三十二年十一月起至三十三年
十一月上所支出使人員留支薪俸數目清單由　單二

初七日

酌
東三省總督文　河四十三　貨稅類
吉林巡撫
濱關道呈稱所請將木料出口完稅章程作為原議北滿
稅章附條一案前上原文不甚明晰應請更正以免誤會由

酌
又一件　河十二
濱關道稱拉哈蘇蘇俄關遷移俄境事俄領照復應
歸俄使與部接議由

俄使函請派員入森彼得堡萬國行船會是否
照辦希速由

德電使信
德兵艦運軍火回青島准鄂督來電已復宜
漢兩關准給護照由

十七日

要
義文使照會　貨稅
義商利生公司牛捐一案已札滬道與義領
商結由

江海關道札　貨稅
義商利生德利公司牛捐一案義使催請速
結即與駐滬義領商辦由

農工商部文

酌

北洋大臣文 河十六 改運類
津海關道詳呈稅司所送怡和行運入藥引案
情供詞清摺由 清摺二

稅務處文 河十四
委交江漢關第一百八十八結應解三成船鈔三成罰款等
銀兩由 銀票三紙

要

東三省總督
黑龍江巡撫文 稽罰類 要
哈爾濱道呈稱查三喇嘛租給俄商荒地一案前已
與俄領事劉巴會同議結各等情咨呈備案由

江蘇撫文
呈報松滬捐釐總局第一百八十六次續收厘金銀
兩交滬兌收由

總督倉場文

羅馬農業會義使請先期派定會董希查照辦
理聲復由

各省關電
催解經費事

十八日

瑞倭使照會
議約事擬先由聯侍郎會同妥商由

駐南斐洲/新嘉坡總領事札 韓國/海參崴商務委員
恭錄禁烟諭旨刷印賞御史原奏查照欽遵
並將辦理情形速復由 附件

駐德孫/奧雷/比李/義黃/和錢 英李/俄薩/日本李/法劉/美伍 大臣文

請代發浙江電由

度支部 洪九 貨稅

滬甯鐵路運送貨物稽征章程已咨兩江總督就近
体察情形妥定章程奏明辦理請轉復英使由

要

又一件 貨稅類

會奏籌議新疆茶務劃清界限一摺錄 旨抄
奏知照由

又一件

知照浚浦工費收支數目由

初八日

江海關道呈

呈報西歷二月下旬磅價由

同上由 附件

湖廣總督文

江漢關委解本年義塾粥廠經費已代收由

二十日

日本林使照會 洋藥

禁運莫啡鴉一事請仍從速復允責成其商
標章程事應另案辦理由

二十二日

日本林使照會 洋藥

籌禁鴉片一事係限制印度鴉片出口茲將中
英商定辦法照復由

俄阿署使信　河十八
前門內東城根房契被燬請轉飭補發新契稅銀若干照繳並見復由

浙撫文
具奏第七十三次新約賠款滙滬一摺錄　批咨呈由

駐和錢大臣文
請加撥銀九百兩以為陳篠夏季三個月薪水由

英朱使照會　河十七
洋土各貨運往東三省新開各埠試辦章程一事請以秦王島附入該章之內又所定繳銷專照期限請展為四個月由

酌

日本林使信　河十五

免稅

郵傳部文
俄使函請派員入萬國行船會希查核速復由

二十三日

江鄂督電
奉　旨端方趙爾巽電奏悉著仍遵前旨暫行停鑄以歸畫一欽此

度支部片
鈔送江鄂督緩鑄銅幣收發電板由　粘鈔

山西巡撫信　貨稅
晉省煤油落地稅仍應變通辦法由

归應刁

現有軍刀一口係贈 貴國官憲者於本月十三日
到津請飭放行由

倉場衙門文
請代發浙撫及粮道電由

初九日

湖廣督文　免稅
美博士鰲昆森打鳥子彈宜昌関遵照放行由

又一件
德商公興洋行控朱必達一案訊結緣由請查照轉復由

又一件

稅務處文
准日使面催愛琿齊齊哈爾設関及松花江征稅
事希從速核辦見復由

東三省督文
准日本使稱愛琿齊齊哈爾設関及松花江征
稅兩節希轉行查明商辦見復由

酌
南洋大臣文
美使函送植物子粒請轉交南京工業學堂等
情希轉致由

美柔使信　免稅
函復美農部所寄植物子粒一袋已咨行南洋大臣
轉交由

浙江粮道電

江漢關撥解本年東北邊防銀兩由

又一件

江漢關委解本年第一批京餉銀兩由

又一件

江漢關籌解本年夏冬兩季京師義塾粥廠經費銀兩由

又一件

附奏江漢關一百六十八結提存出使經費銀兩赴滬驗收一片抄稿咨呈由

又一件

附奏江漢關奏提三十三年分傾鎔火耗銀兩赴滬驗收一片所有片稿請摺咨呈由

驗收新漕事由

二十四日

酌　粵督函　租界

梧州關所擬洋商租地辦法應由該關道與各領事定至教貴產稟明地方官之處與案不符礙難提議由

酌　税務處文

赴藏張大臣電西藏郵局照新約由中國自設轉飭妥籌辦理由

農工商部文

商標章程事目使照催飭迅速詳籌聲復由

又一件

要

義文使照會 河二十七

本國政府深盼中國政府整頓度量衡能定適當
法式作速實行望見復由

兩江督文

江海關遵撥駐美伍大臣二三兩月經費駐奧雷大
臣春季經費駐奧吳代辦二月經費共裝銀兩滙寄
交納由

兩廣督文

京師頤學堂義塾經費已闈務處迅即解京謹
先奉聞由

要

度支部文

本部議復惲學士奏部議議辦印花稅章程一摺
刷奏咨呈由

兩廣督文

內地商務類

萬國農業會議員暫令參贊銜瞿青松兼充
一事已照復義使

、酬 義文使照會

萬國農業會議員已暫令參贊銜瞿青松兼
充由

博覽會類

度支部片文

抄送浙撫來電並電 旨由

浙撫電

奉 旨馮汝騤奏懇本年應運漕果准其少運一十萬石留辦平糶俟明年仍照數補運請現辦補運
漕粮折價一節著不准行度支部知照欽此由

貨稅類

、南洋大臣

江蘇巡撫 電

滬甯鉄路運貨抽厘事

貨稅

具奏三十三年分粵湖兩關進口米麥數目緣由一摺
抄稿並清冊咨呈由

要

初十日

軍機處交鈔摺 河二十一
御史黃瑞麒奏駐洋人員及在外華民有染嗜好
者應令速戒等語奉 旨外務部知道欽此

稅務處文 河二十六
宜昌關滙解外務部三成船鈔罰款委員齎交由

要

署稅務司信 河二十八
函送農工商部前寄澳洲梅勒本女工賽會物品

津海關道電

二十五日

新授浙撫電
奉 旨柯逢時電奏悉方碩輔著以四品京堂候補幫辦
土藥統捐事務仍著柯逢時督率經理所請派員接辦土稅之處著准行欽此

稅務處文 貿易
印茶入藏征稅事抄送張大臣與本部來往各電一併速行
核復由

度支部片
抄送新授浙撫來電並電 旨由

關 英朱使照會 圜法類
粵省鑄造毛銀一事粵督復稱已札善後局造幣分廠
體察情形籌辦希查照由

青電志已遵飭函致兩關稅司驗放由

和希使照會　洋藥

照詢中國禁煙辦法由

重慶關道電

札和總辦自運槍彈擬赴成都應否照准乞核示由

英朱使照會　河二十五

怡和代運平安信子一箱被海關扣留請轉飭釋放由

酌

駐韓馬總領事致丞參信　貨稅類

東鹽運韓事已遵諭查禁又抄呈韓國清津土地規則由

度支部文　貨稅

滬寧鐵路運貨抽厘事英使請設法整頓核辦速復由

郵傳部文　貨稅

稅務處

滬寧鐵路運貨抽厘事英使請設法整頓查核速復由

浙江巡撫電

浙省漕糧溯難請將辦理不善各州縣儆戒並飭令運充好米由

二十七日

英朱使信　免稅

新泰興行運來子彈稅務處已允查放並行獵所用各件應酌改前章詳核辦理由

壯杪月

又文一件

商人周祺蘭仍充木浦董事請查核備案轉咨吏部由

要 貿易類

駐德孫大臣文

咨送商務委員造報中德商務清冊由

又一件

收到春季俸薪等項銀兩由

和希使照會 河二十三 洋藥

請抄送中英商定印度鴉片減運新章由

十二日

閩浙總督文

要 度支部片 免稅類

崇文門商稅衙門

英使稱茲有建房村料澡房傢具即日到京請即轉飭查驗放行由

、駐俄薩大臣電

森彼得堡開萬國行船會即派員入會將員名零知其入會費用由郵傳部承認由

要 英朱使信

英館所用木料傢具已轉飭免放行由

二十八日

要 日本林使照會 稅則單照類

稅務處咨復以牛莊等關征稅辦法如查貨稽延可改辦交還專照期限可改為四箇月由

咨報三十四年三月分菸厘撥抵新案賠款已文商解滬由

、俄阿署使照會

派員入萬國行船會一事准郵傳部咨復已由駐俄大臣派員由

張家口監督呈

洛送洋商聯單由

稅務處文

上海華華製革公司製造品運銷各口請照值百抽五征稅咨行核辦由

貨稅

北洋大臣文

津秦兩關第一百八十九結所征船鈔罰款銀兩派員赴稅務處交納由

、駐法劉大臣文 行船

稅務處咨議復商船懸掛洋旗嚴定限制片錄旨鈔奏知照由 附抄

酌

二十八日

東三省總督 黑龍江巡撫 文 貨稅類

據杜道學瀛稱征收木植稅項即奉大部核准作為原議北滿稅章附條職道前文漏未區分明晰應請大部鑒核更正見復由

閩浙總督文

咨報三十三四兩年義塾粥廠經費已另文批解由

稅務處文

收到津海關秦王島關一百八十九結暨自關自一百八十五結至一百八十八結三成船鈔罰款銀兩由

又一件

第六十七期賠款已交商解滬由

又一件

光緒三十四年三月應還俄法借款已交商解滬由

又一件　貨稅

英使照稱英商在滬製造苧蔴線請照蠶繭一律辦理等語查照核復由

度支部文

浙撫奏杭州關第一百八十九結征收稅鈔一摺奉　批知照由

又一件

浙撫奏浙海關第一百八十五結收支華洋稅鈔一摺奉　批知照由

又一件

皖撫奏蕪湖關第一百八十五結征收洋稅一摺奉　批知照由

兩江總督文

日商由鎮江運米赴日并將運照式樣咨呈查核由

又一件　償借類

咨送滬道上年西歷冬季開浚黃浦工程清冊由

度支部文

新案賠款收放實存各數由滬道造具清冊到部
希查核由

十三日

駐俄薩大臣電

遵查俄館並無沾染烟疾者華僑容飭查勸戒由

駐和錢大臣電

遵復和館決無烟癖人員由

陽曆

桂撫文
南寧造報一百八十八結征收支發等項冊由

署北洋大臣文
咨解津関捐助京師義塾粥廠經費銀兩由

閩督電
請阻英艦勿往汕頭南澳測量由

駐奥雷大臣電
本館各員均無嗜好由

湖廣總督電
德國兵艦由萬縣下駛過宜漢請發護照由

十四日

護理江西巡撫文

附奏贛省應解第五期償款銀兩交商滙滬鈔稿咨呈由

又一件

附奏贛省應解第一批加復俸餉抵新案賠款銀兩交商滙滬抄稿咨呈由

又一件

附奏贛省應解第一批彙還俄法借款銀兩交商滙滬鈔稿咨呈由

又一件

附奏贛省應解第一批彙還英德借款銀兩交商滙滬鈔稿咨呈由

又一件

附奏贛省籌解新案賠款銀兩交商滙滬鈔稿
咨呈由

德雷使信

駐宜昌丘船調換水手回國帶有子彈箱支請迅電
該關道發給由宜昌至青島護照由

日本林使照會　洋藥

照復禁莫啡鴉暨納針進口事請先將未了懸案
竭力辦結由

駐義黃大臣電

使館無人沾染烟瘾由

駐法劉大臣電

同上由

駐英李大臣電

同上由

瑞倭使照會

照請改定商約請見復由

義文使照會

照催派員入農業會由

又一件

利生得利公司與上海道交涉案照請轉催并見復由

十五

東三省總督

黑龍江巡撫文

與俄員在海蘭泡磋商商埠互換利益問答情形由

酌

開埠類

湖廣督文
撥解本年第一批京餉由

又一件
撥解本年第一批邊防經費由

又一件
江漢關撥解京師義塾粥廠捐款由

滬道信
函送本月上旬鎊價表由

陝甘督文
咨送運貨報單由

又一件 同上由

又一件 同上由

又一件 同上由

又一件 同上由

江督蘇撫電 鈔票事

駐德孫大臣電

琦昔年因病曾染嗜好早已戒除館員

絕無吸食之人敢為具結由

要

農工商部文　博覽會類

滿呢拉賽會一事時日迫促不及赶赴由

駐比李大臣電

比館無吸烟人員華僑張堯賡亦無

嗜好由

十六日

駐俄薩大臣文

收到經費日期由

安徽撫文

咨送蕪湖新關一百八十九結出使經
費清冊由　冊一

又文

咨送蕪湖新關一百八十九結免徵米
税清冊由　冊一

日本林使照會　洋藥

請將限制印度出口鴉片辦法與有關
係之各國議定情節二函復由附譯文

十七日

內務府文

請代發各省閱電由

兩廣總督文

本年春季分籌備賠辦解交內務府
條金銀兩交商赴度支部投納由

安徽巡撫文
洛送蕪湖新關一百八十九結洋稅收
支數目清冊由　冊一
又文
洛送蕪湖新關一百八十九結收支稅厘
清冊由　冊一
又文
藩庫籌解本年頭批認還英德借款
等項銀兩交商滙滬由
又文
蕪湖關由三十二年七月至三十三年六月
一年常稅數目洛呈查照由
度支部文
湖廣總督奏江漢關第一百八十八結洋稅及招
商局稅應提出使經費銀兩委員解赴江海關庫奉批知照由

又文

直隸總督奏牛莊秦王島兩関第一百八十九結

洋稅收支數目一摺奉　批知照由

酌

駐美伍大臣致參丞信

美國減收賠款一事下議院紛紛具控

尚未定議由

十八月

前駐美周代辦文

造報三十三年分各館經費收支等項清

冊由　冊十二

又文

造呈保和會副議員赴會經費收支

數目由　冊一

又文

造呈代辦暨各回華川裝清冊由　冊一

又文

交卸代辦銷差回國請飭粵海關將

粵留支停支由

又文

收到正月分經費由

貴州巡撫文

本年春季賠款交商滙滬由

江海關道呈

遵撥保和會經費由

俄阿署使信　行船

本國重視延聘各國官員入華彼得堡
萬國行船會請注意派員由 行船

要

駐義黃大臣信
調查義國國債清冊由

農工商部文
派員領取梅勒本賽會物品由

收到

義文使照會
舉行賽會請分派總辦會董由 附洋文

駐日本李大臣電
本館盧永銘黃漢曾有嗜好請予限三月
戒除並分飭各領切查由

江海關道電
遵查各關已解出使經費及欠解
數目由

十九日

度支部文

據江海關冊開粵海等三關欠解出使經費銀兩請

飭催補解本部已咨催該省由

又一件

川督奏重慶關第一百八十七結征收各稅銀兩一摺錄

批抄單知照由

山西撫信　河五十四　貨稅類

查明太原向抽煤油落地稅各緣由咨覆由

署山東撫文

三十四年應解六月限新案賠款銀兩交滬兑訖

粵督文　河九十四

梧州關道所擬洋商在通商口岸租受屋地及教士置買教

堂辦法請查核照會各公使領事遵照由

酌

兩廣督文
停鑄毛銀事已飭造幣廠體察情形籌辦詳復由

山西撫文
咨送報單由 附單四十一張

湖廣督文
江漢關委解本年第一批籌備餉需銀兩由

江海關道申呈
奉撥駐義黃大臣經費銀兩日期由

又一件
奉撥駐新嘉坡總領事經費銀兩日期由

又信一件
西三月中旬各國幣價表由
度支部文
恭錄專派禁烟大臣　上諭一道咨呈由
附件
二十日
南洋大臣文
造送甌海關第一百八十七結罰款清冊由
冊一
陝甘總督文
咨送三聯報單由　報單一封
浙撫文

三十三年十月十一日起至十二月初十日止浙東貨厘之款解交單
税司兑收由

浙撫文

三十三年十月初一日起至十二月底止甌常関正税銀兩交
商匯滬由

又一件

具奏本年正月分第七十四次新約賠款銀兩匯滬一
摺錄 批咨呈由

美柔使信 河四十二 兑税

本國農工商部寄送植物子粒一袋請轉送南京工業
學堂由 種粒一袋

二十一日

甘督文

應解本年第三期賠款匯滬由

駐法劉大臣文

造報上年法日葡三館銷冊由

卅五

赴藏張大臣電

印茶征稅請咨稅務處核辦並請匯經費一萬兩又

郵政由中國自設請籌辦由

度支部文

河南撫奏撥浚浦經費一片錄　批知照由

二十二日

滬道電

西四月賠款鎊價購齊由

日本林使照會

北滿洲稅關事請迅速見復由　附東文

度支部文

雲貴總督奏思茅關第一百八十九結征收稅銀及提存支解各款一摺錄　批咨呈由

又一件

雲貴總督奏蒙自關第一百八十九結征收稅銀及提撥支解各款一摺錄　批咨呈由　附抄

又一件

雲貴總督奏騰越關第一百八十九結征收稅銀及提存支解各款一摺錄　批咨呈由

二十二日

江鄂督電

兩省暫緩停鑄銅元乞代奏由

農工商部文

羅馬萬國農業會暫派程青松請核復

由

二十三日

奉電旨一道

奉 旨端方趙爾巽電奏悉著仍遵前

旨暫行停鑄以歸畫一欽此

南洋大臣文

杭州關第八十八結期滿開送罰款清冊由

湖廣督文

新案賠款三四五三個月茲在漕淅項下

動撥銀兩已交商滙滬由

署北洋大臣文

津海關核發怡和洋行買馬護照三紙請查照由

要 津海關道申文 免稅類

申報日本贈中國官憲之軍刀業經進口放行並運送入京日期由

要 稅務處文 稽罰類

議復出使法國大臣劉式訓奏稽查商船懸掛洋旗嚴定限制一片錄旨抄奏咨呈由 附抄

酌 又一件 稽罰類

咨復新泰興洋行所運子彈事通融准其進口已飭查驗放行至英使所請行獵各件從寬限制應歸酌改槍彈進口章程核辦由

酌 又一件 設關類

咨送哈爾濱設關征稅事俄員未允三端並原
章尚有欠妥正副各條清單以便與俄使
商定由附單

日本林使照會

保護日本商標事請即辦理從速賜復由

浙撫電

浙省連年荒歉請截漕裕民乞代　奏由

倉場文

請代發浙江粮道電由

二十四日

奉電旨一道

馮汝騤電奏悉本年應運漕米准其少運十
萬石留辦平糶所請補運漕糧照案折價
一紙著不准行欽此

兩廣總督文

粵海關應解本年第二批新案賠款等項銀兩交商匯滬由

又一件

應還俄法借款銀兩交商匯滬由

川督文

籌撥本年濬浦經費由

又一件

籌撥本年四月分新定賠款交商匯滬由

又一件
應解江海關四五六三箇月新增邊防經費等
項銀兩交商滙滬由

酌 税務大臣文 貨税類
洋商僱用華船挂旗運貨由宜至漢一事
抄録與鄂督迭次來往咨文請備案由
附抄件

使法劉大臣文
收到正月分經費由
二十四日

酌 郵傳部文 租界
咨復漢口日本租界内地段付價事

要 又一件 行船類

俄設萬國行船會已電駐俄法薩大臣就
近派員希復俄使由

美署使面交節略

請准美軍艦在上海得一停泊之地由 附洋文

新授浙撫電

籲懇派員接辦土藥事宜請代奏由

二十五日

奉電旨一道

奉旨柯逢時電奏悉方碩輔以四品京堂幫辦
土藥統稅事務所請派員接辦著不准行等因欽此

駐美伍大臣致丞參信

請撥金山領事館購置款及加各領事經費由

酌

駐韓總領事信

請訂中韓互換通漁章程分咨各省詳查並
轉咨駐日大臣與日政府議訂由
抄照會稿一本

要

税務處文　税則單照類

洋土各貨運往東三省新章須照章程
展為四箇月作為試辦請轉復由

要

又一件　税則單照類

北滿試辦税則未能據為定章海陸情
形不侔南北無從比照請轉復日使由

、

又一件　貨税

牛莊等閑運貨完税試辦章程日使指
為不便各節已詳查核辦請轉復日使由

又一件

委員齎交津海等關船鈔罰款銀兩並請
聲復由 附銀票一紙

又一件

委員齎交蒙自關船鈔罰款銀兩並
請聲復由 附銀票一紙

北洋大臣文

咨送海防經津防練餉報銷清冊由 附冊三本

南洋大臣文 貨稅

箪華製革公司製造品運銷各口請照值
百抽完税免重征呈請查核見復由
抄單一圖一

英朱使信 貨稅

英商在滬設有製造苧麻線公司一事擬
按照蠶繭一律納稅希允辦由 附洋文

倉場總督文

代電浙撫由　附電文

二十六日

湖南巡撫文

籌解第七十七期新賠款滙滬由

又一件

咨報動撥折漕銀作爲七十七期賠款

南洋大臣文

要

寶山縣内開設商務印書館係華商並非日商請更正由

東海關道呈
報解一百九十結賠款由

護理江西撫文
鈔送籌解本年第五期新賠款滙滬由
附抄

劉道玉麟電
二十五日搭新裕赴津由

江海關道申文
奉撥英館上年十二月經費由

二十七日

英朱使信　貨[illegible]　河　五十六

現有軍用建房木料及藻房傢具於今日
到京請轉飭免稅由

要

護川督文　行船類

咐奏設立川江行輪有限公司一摺錄　批咨
呈由

日本林使照會　洋藥　淡十

請將越南及南洋群島等地輸入之鴉片現與
各國交涉情形賜示由

、

稅務處文　淡四

署總稅司申稱遵飭將璦琿齊齊哈爾兩處
設關事宜籌辦至松花江應否設關查明再復由

又一件

署總稅司呈報接管日期由

兩廣督文

九龍關稅司譯呈三十三年十一月十九日至三十四年
正月二十七日由港出口軍火件數由　粘抄

度支部文

山海關應解本年俄法英德洋款仍由江寧
省解部節省款内指撥由

二十八日

要　兩廣督文　設關類

粵海關稅務司申稱潮海關稅司擬將附近
各號口歸併之處殊難照辦等因咨呈查照由

、度支部文　費錄　淡九

咨復滬寧鐵路運載洋貨抽厘事應飭税司遇此項洋貨一律發給
憑單並妥訂章程由

又一件

浙撫東浙海關第一百八十六結收支華洋税鈔銀數一摺暨一百八十七結收
支華洋税鈔銀數一摺奉　硃批知照由

又一件

皖撫奏蕪湖關一百八十九結征收華洋税厘及支解數目一摺録
批知照由

又一件

直督奏東海關一百八十九結洋税收支銀數一摺録
批知照由

湖廣總督文

江漢關解餉委員報起程日期由

北洋大臣文

具奏查明光緒三十一年分北洋海防經費津防練收支報銷

一摺鈔稿咨呈由　抄摺一

、駐義黃大臣致参丞信

萬國農業公院會員擬選錢使定奪由

要　税務處文　税則單照類

洋土各貨運東三省各埠試辦章程所發運照秦王島関司

比照津関辦理至繳照展限業已另案咨復由

酌　又一件　貨税類

更正北滿税章附條已劄署總税司查照分咨由

、又一件　淡四

齊齊哈尔等處速令設關及松花江征稅各節已飭該關
稅司妥籌請轉復由
酌
江督
蘇撫電
洋貨行銷領有轉口單𧰼照章免今火車裝運若非通商
口岸無子口单仍應完捐由
閩督電
前將軍崇善息借滙豐洋行銀兩已於三月十五日如數
遄清祈照會英使由
又一件
崇善息借滙豐洋行銀兩已如數遄清祈代奏由
二十九日
駐比李大臣文

收到正月分经
費日期由

又信一件
本年第一期经費
滙寄到比由

總理禁烟事務大臣文
具奏開辦禁烟事務設立公所刊用關
防一摺錄
旨刷奏咨呈由

酌

駐俄薩大臣文
咨送照譯萬國傢具裝飾博覽會章程及
原函附单請轉咨農工商部並電復由

酌

又信一件
又俄京開萬國家具裝飾博覽事
又海參崴作公廨事

德雷使信 淡七

本國兵船所用軍火日後可否允准轉飭各海關道出口時即
發給護照希見復由

夏季

丞參堂

榷算司吳葆誠呈

編輯處總校

阮閲 二月十一日

文閲 二月十一日

光緒三十四年分榷算司全年檔案 夏季

第二冊

今將光緒三十四年分榷算司全年檔案分為四冊選擇要件呈請

鑒核

編輯處課員孫昌烜
吳葆誠
吉紳
奎佑
關慶麟仝擬訂

收項

四月初一日

發項

四月初一日

酌

郵傳部文 渋九 貨稅

滬甯鉄路運載洋貨抽厘一事現派鍾道文耀

接議貴部應如何先行照復英使請酌辦由

度支部片

鈔送閩督電報前將軍崇善還清息借匯豐

洋款來電由

度支部文

要

日本林使照會一件 設關類

廣西巡撫奏南甯關一百八十六七兩結征收支銷一摺
錄 批知照由

南洋大臣文

籌解三月期應還俄法借款滙滬由

又一件

籌解二月期英德還款滙滬由

又一件

滬關造送上年經付續借英德洋款第一百九期至
廿期收放各数清冊由 附冊

又一件

應解四月分第五期和約賠款第七十七期撥抵賠款
滙滬由

南滿稅關章程應照南滿枝路條款辦理未便
援引北滿陸路章程以為比例由

要

英朱使照會

免稅類

准稅務處復洋土貨運往東三省試章秦王島可列在內
繳銷專照亦可展限四個月由

初二日

山東巡撫 北洋大臣 東三省總督 奉天巡撫文

駐韓馬總領事函請訂立通漁章程應就近体察
情形會商辦法咨部核辦由

英朱使照會

閩督電稱前將軍息借滙豐洋款本息現已還請由

度支部文

江蘇巡撫文
錄送滬關一百八十七結內加征洋藥厘捐收支摺稿
清冊由　稿冊各一本
又一件
錄送滬關一百八十八結內加征洋藥厘捐收支數目
摺稿清冊由　稿冊各一本
酌
海參崴桂委員詳
遵議贖房價目繪呈詳圖請速發款由　附圖
又副詳一件
仝上由
東海關道呈
委解一百九十結使費赴滬交納由

閩督電稱前將軍息借滙豐銀款現已本息還請
等語查照由
酌
日本林使照會　設關類
稅務處咨復愛琿齊齊哈爾兩處擬剋期開關
松花江應否設關亦經總稅務司飭查由
閩浙總督電
請還息借滙豐洋款事沁電已進呈並照會駐京
英使由
南洋大臣電
美使請在上海擇一停泊軍艦之所如何商議情
形即電復由
初三日
、農工商部文

要　崇文門商稅衙門文　免稅類

英館衛隊營建房木料傢具等件已放行由

初二日

熱河都統文

咨送德商及英商三聯報單由　附單十一紙

農工商部文

日使催開辦商標章程一節本部甚願從速即
請貴部派員會同辦理由

要　度支部文　圜法類

大連開設銀行公號由

駐俄薩大臣咨報俄京開萬國家具裝飾博覽會抄
送照譯原函章程附单核辦聲復由

稅務處文

德使函稱本國兵船往來長江所運軍火可否允准轉
飭進出口即時發照等情請酌復由

度支部片

會奏蒙古等處借用洋款必須奏明辦理申明舊章
一摺片送奏稿會照由

初四日

俄阿署使照會

北滿洲稅關詳細章程俄議員未經認允及應行增
改各條開具清摺希查核照允見復由

初六日

滬道電

復各關提解使費事

新授浙撫電

懇留鄂醫治仍將土稅認真經理赴浙未能定期已

簡昇賢能請代　奏由

初三日

酌

稅務處文

英使稱滬甯鐵路運載洋貨抽厘一事實不公允

等語查鐵路水道不同已飭總稅司妥籌請轉復英使由

初四日

駐奧雷大臣文

收到春季經費銀兩由

會奏蒙古等處備用洋款必須奏明辦理申明

舊章一摺片送奏稿會畫由

駐海參崴桂委員電

房價已飭滬道照撥由

滬道電

即撥崴埠桂委員房價銀由

初七日

、英朱使照會

滬甯鐵路運載洋貨抽厘一事准稅務處郵傳

部咨復現飭商議辦法由

要

日本林使照會　禁烟

駐韓馬總領事文
遵飭烟館閉歇並在韓各員尚無沾染嗜好由

又一件
造送上年收支經費等冊由

又致丞參信
溢支銀兩請歸下屆彌補由

北洋大臣文
津海關印發英商仁記行買馬護照由

滬道電
賠款鎊價事

禁煙改由印度限制出口越南南洋羣島禁運
辦法無庸置議其澳門煙膏與香港一律辦理由

南洋大臣電
金陵火油捐事美使函請速結希查照核復由

初八日

北洋大臣電
英商太古羊毛業商議情形如何速電復由

初九日

要

俄阿署使照會
俄京萬國行船會委員派俄館通譯鄭延禧
並派兩學生幫同考察由

步軍統領衙門文
支領看守鉄路電綫官兵口分等項銀兩由

英朱使照會
照復粵省小銀圓事

四月初五日

南洋大臣文
具奏金陵関收支一百八十九結經征税厘清單抄稿
咨呈由　附摺稿一　清冊二

又一件

英朱使照會
粵省鑄造毛銀事已照録來文咨行度
支部暨粵督妥籌辦法由

度支部文

兩廣總督文
粵省鑄毛銀事抄録英使來照咨行酌
核應如何辦理妥籌聲復由

郵傳部文
俄京行船會委員薩大臣派鄭延禧並
已飭照復俄使由

度支
理藩部片
會奏蒙古等處借用洋款必須奏明辦
理一片堂銜有無註寫務於十一日聲復由

初十日

江海關撥滙駐和陸大臣經費銀兩由

湖廣總督文

委辦江漢關增收稅銀赴滬由

要　稅務處文　郵政類

咨送郵政輿圖由　附圖十

英朱使照會

粵省鑄造毛銀請暫停止由　洋文先到

四月初六日

北洋大臣文

度支部片

會奏蒙古等處借用洋款一摺再送會稿

補畫由

酌　俄阿署使信

俄人在東城根房產請補發新契應飭繪

圖註明四至丈尺並將買賣字據抄送由

日本林使照會

商標章程照約定章後方能實行已派梁

參議會同農工商部從速妥定由

酌　農工商部文

商標一事遴派梁參議會同將該章程

妥議改定以便早日實行由

十二月

要　遞正摺　償借類

動支檢疫醫費由

度支部片

片送會奏蒙古等處借用洋款申明舊章會稿

並開列堂銜由　附稿

、英朱使信

陝省扣留羊毛案請咨直督飭照關道與領所定

辦法了結並見復由

要

駐俄薩大臣電　行船類

派鄭延禧充萬國行船會員由

會奏蒙古等處借用洋款必須奏明辦

理申復舊章由

稅務處文

九江關稅司請推廣龍開河至殷管溝泊船

界限抄送江督來咨核辦見復由

農工商部文

英使詢在英公司有股之華人身故所遺

分應歸何人承受各節應如何答復

希酌核由

廣西巡撫電

梧州收贖河灘事查明何國洋商購買

聲復由

十四日

四月初七日

歸和門

比柯使照會

本國設立萬國賽會照送章程請派員入會由

宜昌關監督申文

籌解京師義塾粥經費由

南洋大臣文

撥滙駐義等館經費由

又一件

補撥英館經費由

、日本林使照會　土貨輸出

稅務處咨復北滿各項雜粮如在西歷二月初五日前訂立合同可免稅放行米穀仍照約嚴禁即查照由

南洋大臣電　貨稅

金陵火油捐事是否不指貨抽捐希再飭辦法由

十五日

東省鉄路公司代理代辦巴彌業札

應繳中國銀五百萬兩如何交納迄未復到迅即聲復由

十六日

廣西巡撫文

咨送三聯報單由 粘抄 附報單

又一件

仝上由 附報單

又一件

梧州關匯解一百六十九結增收稅銀由

又一件

匯解梧州關一百八十九結應提出使經費由

歸庶司要

河南巡撫文

湖廣總督 文

、東三省總督

黑龍江巡撫 文

俄官越界在拉哈蘇蘇設關征稅事已照

催俄使速復由

、東三省督撫文

江省以放荒小照作質事俄使照稱已飭停

止請轉飭地方官令華民繳還已押之款

等語希核辦由

、俄阿署使照會

俄官越界在拉哈蘇蘇設關征稅事現在

曾否撤還迷覆由

、稅務大臣

、郵傳部

度支部 文

江蘇撫

江督

[illegible]

勘收鷄公山基地由

酌 南洋大臣電

美使要求美艦停泊處所已飭道詢明稅司由

要 順天府文 租界

俄人八達鴻瑪業福請補發房契事查明地基係

在使館界內請照俄使自行辦理由

歸工司 陸軍部文

奥使請派員赴奥考查製造物品一節應

由本部隨時核辦咨請轉復由

滬甯鉄路運貨抽厘一事英使請仿照各貨

運往東三省新開各埠試辦章程查

照核復由

察哈爾領隊大臣 索倫領隊大臣

東三省督撫 綏遠將軍

度支部 蒙古墾務大臣

理藩部 伊犁將軍 文

庫倫辦事大臣 科布多辦事大臣

察哈爾都統 西甯辦事大臣

塔爾巴哈台參贊 定邊左副將軍 烏里雅蘇台參贊大臣

會奏蒙古等處借用洋款必須 奏明辦理

一摺錄 旨抄奏咨行欽遵由

和希 大西洋森 日 貫

義文使 德雷 法 巴 奥 師

英朱使 比柯使 日本阿部代使 墨胡署使 照會

美柔 瑞典倭 俄阿署

蒙古等處借用洋款必須奏准有案申明

舊章照請轉飭遵照由

四月初八日

步軍統領衙門印領

支領三月分看守鉄路電線官兵口分由

酌 兩江總督文

九江関稟請推廣泊船界限詳錄稟批咨商由

張家口監督呈

呈送俄商隆昌等報單運照由 附報單運照十二紙

歸庶司、要 農工商部文

咨復將來如有派員出洋考查布帛皮革材
〃料等項即令前往奧斯馬加由

陸軍部片

轉送伊犂將軍等咨文十件由馬上飛遞由

十八日

上海蘇粮道惠電

蘇漕迅速在滬風帆潔淨再行續運由

十九日

閩浙總督文

還清息借滙豐洋款已據來電照會
英使現准照即查照由

税務處文

料等項即令前往奧斯馬加由

英米使信

函詢公司認股票為股東如有冒名致誤

中政府是否照此辦法保公司不受責言由

度支部文

廣西巡撫奏南寧關第一百八十八結期滿征收稅銀

及支銷銀數一摺奉 硃批知照

又一件

兩江總督奏金陵關第一百八十九結征收各項稅

長沙關一百八十五結至一百八十八結應解部三成船

鈔罰款已收訖由

、駐俄薩大臣文

俄京萬國家具會准農工商部咨已飭各

商精物品自行赴賽由

、和布 比柯 奧師署

英米 德雷

大西洋森 使 瑞典 使 日本阿部 使 照會 稽罰類

義文 法巴 俄阿署

美柔 日賈 墨胡署

照送稅務處改訂槍彈進口新章由

鄂督 湘撫 電

襄水暴漲米船衝沈所失米石淹斃人口

損失數目均有若干關道與日領

交涉情形如何詳查電復由

抄洋葯釐金並支解數目一摺奉
硃批知照由
又一件
湖廣總督奏宜昌關第一百八十九結應提成
半出使經費銀兩委解江海關驗收等因
一片奉 硃批知照由
駐奧雷大臣電
薪費收到由
四月初九日

二十日
酌
俄阿署使照會 行船
黑龍江行船章程擬分兩項議法請飭
駐哈俄領與華員議定由
二十一日
日本阿部代使照會 洋藥
越南及他處向無自出鴉片輸入無庸置
議至澳門烟膏辦法俟商定再達
知由
陝西巡撫電 貨釐
英商太古行羊毛被扣一案英使迭催辦結
現津關道既議有端緒即希從速決

定并電復由

江蘇撫文
牙釐局代征本年正月十二至二月初十日貨捐銀
兩滙解

稅務處片
滬道電稱上海美商義勇隊運到葯彈槍彈
請暫免稅等語查此事業經分電貴處
應否准其進口免稅請逕復並聲復由

廣西巡撫文
呈送南甯關二月份各局卡繳到聯單由
附報單十七張清摺一扣

二十二日

陝甘總督電
奉
旨董福祥報効之款除留辦該省新政外餘
款留備甯夏旗營之用由

又一件
咨稱南甯關第五八九結征收華洋商船進出正
半稅及華洋商船鈔船料罰款暨提存支銷

二十三日

經費各數目清單清冊由 冊九本單一紙

駐和錢大臣文

收到春季經費再夏季經費請加撥添設參

贊薪水由

廣西巡撫文

咨稱南寧關自百八十六結至一百八十八結征收

華洋商正半稅銀及船鈔罰款船料暨提

存支銷經費各數目清單清冊由 清冊六本 清單一紙

又一件

要 兩廣總督電 免稅類

英使稱北海領事署運槍被扣即照案轉

飭查驗放行由

要 張家口監督 貨稅類

英商不記行買馬與使館購馬不同應照

章征稅由

稅務處信 洋藥

會查鴉片事希飭稅務司在上海造

冊處選派一員會同辦理由

二十四日

川鄂督文 內港行船

法使照催擬辦宜昌重慶拖輪一事迅即

聲復由

咨呈梧州関百八十八結征收華洋商正半税洋
葯税厘及船鈔罰款暨解撥支銷經費各
數目清單清冊由 清冊九本清單一紙

浙江巡撫文
具奏籌解第七十五期新約賠款銀兩滙滬
先收彙付一摺抄稿咨呈由

又一件
附奏七年九月十一日起至十二月初十日止浙東厘
金銀數一片抄稿咨呈由

法巳使照會 内港行船
英法公司催辦宜昌重慶拖輪一事咨催
劉督速復由

庫倫辦事大臣文
俄使函請轉飭將和順洋行欠道勝
分行之款設法辦結速核辦由

英朱使函
北海領事署運槍被海関扣留已電粵督轉
飭放行由

俄阿署使函
華商和順洋行欠道勝分行之款已咨庫
倫辦事大臣查核辦理由

要 兩江總督文 内港行船

酌 税務處文　禁令

署總税司申覆北滿州米穀嚴禁出口遵飭哈

爾濱税司遵辦請查照轉覆日本使由

理藩部片

片送會奏蒙古等處借用洋款必須奏明辦理 要

申明舊章奏稿並開列堂銜由　附會稿一件　堂銜一紙

要 路透電　洋藥類

禁烟事

四月初十日

税務處咨復九江關泊船界限仍應至殷管

溝為止可擇附近地段為夾板帆船停

泊之地查照飭遵由

税務處文　洋藥

英商怡和行私運葯引一案茲又准英使

函催咨行速復由

要 美柔使照會

會議禁烟事本部添派鍾道閣道並原

派劉道屆期赴滬會議由

二十六日

奉天巡撫 東三省總督文　行船類

黑龍江巡撫

黑龍江行船章程已照俄使飭領與華

員會議章程抄稿咨達由

度支部片

會奏蒙古等處借用洋款必須奏明辦理一摺

請將會稿片送以便紹左堂補畫由

理藩部片

片復會奏蒙古等處借用洋款必須奏明辦理

申明舊章前送堂銜並無註寫由　抄堂銜

俄阿署使照會

照復江省放荒小照作質事現飭俄領事嗣後停止

希轉飭該地方官飭令向俄氏以照押借之華人

民政部
禁煙大臣　文　洋藥
度支部

美國請會查鴉片事抄送來往照會備案如有議定禁煙辦法即隨時知照以便接洽由

鄂督
湘撫　文　改運

英使請准湘米運往漢口下游各口查核速復由

南洋
北洋　大臣文

比柯使照送外斯蕩德號燈輪船鳴號機器安設齊畢告示咨送查照由

比柯使照會　行船

外斯蕩德號燈輪船上鳴號機器安設齊畢告示已轉行南北洋大臣查照由

從速繳還該款由 附洋文

出使日本胡大臣文

請飭江海関撥付整紮川資銀兩由

江督電

火油捐事現飭該局設法妥辦不准抑勒祈酌核轉復由

英朱使照會 貨税

滬甯鉄路運貨抽厘事請仿照東三省新開各埠章程由 附洋文

四月十一日

度支部片

農工商部片

准駐義黃使效電開農業公院本月開會由

二十七日

鍾文耀 劉玉麟 関景賢 道 劉

美國請各國會查鴉片屆期赴滬會同查議由

英朱使照會 貨税

滬甯鉄路運貨抽厘一事稅務處已飭總稅司妥擬章程希查照由

酌

俄阿署使照會 行船

黑龍江行駛華船應訂章程請速飭俄領與華員在哈爾濱開議由

會奏蒙古等處借用洋款摺稿現已畫齊並再
列堂銜片送請查照由 附會稿堂銜

要

閩浙總督文 償借類

前將軍崇借滙豐洋款已還清請查核由

督辦土藥統稅大臣柯電

既經開辦理合陳請另行派員查覆乞代奏由

四月十二日

山西巡撫文

咨送本年正月分仁記洋行等呈繳三聯

郵傳部文 行船

准駐比李大臣電比國萬國行船會在
俄京舉行抄錄來往文件由

稅務處文

江海関一百八十九結梧州関一百九十結三成
船鈔罰款均如數收訖由

江西巡撫電 洋藥

饒州府設專賣官膏局一事何至今尚未
傳辦英使稱罰款扣土各節究係如
何情形即轉飭辦結由

二十八日

農工商部文

報單由 附單九張

駐義黃大臣文

造送光緒三十三年收支經費清冊由 附冊

又一件

造送光緒三十三年本館人員留支銀兩清冊由 附冊

九江關監督呈

九江關第一百八十九結應提出使經費已解文

江海關存儲由

四月十二日

駐奧雷使咨稱奧開獵務會應否派員有無陳列請酌復由

護川督電

奉
旨趙爾豐電奏停鑄銅元實有碍難等情著度支部速議具奏欽此

度支部片

抄送川省停鑄銅元碍難情形收發川督電報由

二十九日

農工商部文

抄送駐英李大臣咨送商務委員報告華茶情形清冊查照由

東三省撫督
黑龍江署撫文
俄人在拉哈蘇蘇私設稅關飭催從速撤去由

東督電
江東六十四屯俄政府有退讓之意現電薩使密探為將
來提議地步由

吳宗濂致丞參信
學費先交廖令俟蒯監督到即當赴京與署用
費已經造報川裝各費容到京再送由

四月十三日

度支部文

湖廣總督奏江漢關所征税項籌撥銀兩

作為三十三年湖北認籌考察政治出使

經費委解江海關兌收一片錄 批知照由 附抄

陝甘總督文

咨送運貨報單由 附報單一紙

又一件

仝上由 附報單二紙

又一件

仝上由　附報單一紙

又一件

仝上由　附報單一紙

又一件

仝上由　附報單一紙

又一件

仝上由　附報單一紙

出使日本胡大臣領紙

領到川紮八千兩由

要　美柔使照會　洋藥類　禁烟

禁烟事請於明年正月一號在上海會議各國所派

臣有二事應預考查又西洋國亦願入會由　附洋文

要　英朱使照會　償借類

照復閩浙總督電稱前崇將軍息借匯豐銀兩如數

還清請查照由　洋

酌　駐俄薩大臣信

詳陳俄都於酒專賣之政策情形由

十四日

税務大臣文

咨解長沙関第一百八十五結至一百八十八結船鈔罰款銀

兩乞驗收見復由　附銀票一紙

要

又一件　稽罰類

咨送改訂槍弾進口新章由　粘章程一件　附章程十分

閩浙督文

第七十七期備還賠款銀兩交商匯滬由

又一件

三十四年四月分閩省第七年第五期新案賠款銀兩

交商匯滬由

湖廣總督文

附奏委解江漢關本年第一批京餉銀兩及東北邊防

經費銀兩赴京交納一片抄稿咨呈由 附抄

湖廣督文

附奏匯解本年正二三月應還洋二三四月分交撥賠款銀

兩一片抄稿咨呈由 粘抄

又一件

附奏委解湖北認籌事使經費三十三年分應解銀兩

赴江海關兌收一片抄稿咨呈由 附抄

又一件

附奏宜昌關第一百八十九結出使經費銀兩解赴江海關

驗收一片抄稿咨呈由　附抄

閩浙督文

附奏閩省籌解第七年第二期新定賠款交商匯

滬抄稿咨呈由　粘抄

蘇松太道呈

奉撥赴藏大臣經費銀兩電匯印

度支收由

度支部文

抄送北洋大臣楊奏安東關第一百八十九結收支数

目单請查照由

要

農工商部文　公益會

俄京開設萬國家具會當飭各商精選物品自行赴

賽請轉照由

十五日

湖廣督文

委解本年第一批籌備餉需銀兩由

南洋大臣文
金陵關提觧一百八十九結使費滙滬由
又一件
金陵關提觧一百九十結賠款匯滬由
又一件
金陵關應提防費留作一百九十結賠款由
酌
東督
奉撫 文 行船類
黑龍江華船行駛規則諸多窒碍請照俄使轉飭駐
哈領事接洽由

十六日

日本林使照會 淡三十三 洋藥

限制印度阿片輸出理由及澳門輸入烟膏與香

港同自應一律請次第照復由 附譯文

湖南巡撫文

應解第七十八期新案賠款滙滬由

又一件

仝上 期賠款由

又一件

長沙關第一百八十五結至一百八十八結收支各

款數目由 附清單

酌

鄂督 電
湘撫

自商收米逾限致米船被水漲衝沈船戶水手罹
此鉅災請照量優賠償予卹並電復由

要

東省鉄路公司 稟
副代辦巴彌業

應繳之款已電彼得堡從速電復由

庫倫辦事大臣文

咨報俄商採買獸角由恰起程日期由

又一件

俄商販賣麝香由庫運京查驗相符由

又一件

咨報正月二十日至二月二十九日並無俄商呈繳執照由

旧六月

要

農工商部文

俄京開萬國建築圖繪博覽會請仍以不克赴會

轉阿署使由

東督電

覆鋭

日商在博家甸不認捐稅事

十七日

酌

稅務大臣文

梧州關河邊地段事據准桂撫覆文已由本處

分別札咨籌辦由

南洋大臣文

解還本年第一批匯豐銀款匯京由

要 又一件 償借類

撥付英德借款第五十九𦿆二十期本息等銀兩由

要 又一件 償借類

具奏湊還第二十五期瑞記洋款本息銀兩由片抄稿咨呈由 附片稿

十八日

安徽巡撫文

藩司籌解本年頭批認還俄法借款並續奉加撥磅價不敷銀兩咨呈查照由

又一件

咨呈蕪湖新關第百八十九結期內所收罰款銀數清冊由　清冊一

要

兩廣總督文　官職門

斐式楷申稱署補龍州等關稅司員缺由

浙江巡撫文

釐餉局詳稱上年十二月十一日起至本年五月初十日止抵還續借英德金款之款東五府貨釐解交半稅司由

又一件

具奏籌辦本年七月份第七十六次新約賠款銀兩匯滬免收彙付一摺抄稿咨呈由　粘抄

倉場文

請代發江蘇糧道電文由

度支部文

咨覆粵省二毛銀圓應否停鑄應咨粵督查明聲覆並現在
能否仍鑄大元停鑄二毛之處應再商粵督酌辦由

十九日

北洋大臣文 貨稅

咨呈津海關所擬英商太古洋行羊毛被扣案辦法說
帖遵照錄陝電清摺請核辦由 批抄

駐日李大臣文

遵查各口領事館均無沾染嗜好人員即僑寓華商
亦不多見自當一体勸戒由

滬道信

開呈西歷三月下旬各國電匯幣價表由

宣化縣申文

申送收回德商禪臣洋行所領津海關三聯土貨報單由　單二紙

英朱使信　貨稅

英商羊毛被陝省釐局扣留一案希示復由

酌

署南斐洲劉總領事稟

請改撥經費并求銷差由

滬道電

美商義勇隊運到藥彈應否征免飭總稅務司核議由

二十日

酌

農工商部文

商標章程本部遴派參議妥定請轉飭接洽由

駐俄薩大臣文

咨送本年春季駐俄參隨各員俸薪墨領請查核由 附墨領二十張

要

又一件 貿易類

咨呈駐俄商務隨員恆晋所報商務情形所譯各報錄冊請查核由 附冊一本

護理江西巡撫文

附奏江西道庫動放三十三年漕折銀五萬兩作為三十四年第六期償款交商匯滬兌收一片抄稿咨呈由 附片稿

廿二日

陝甘總督文

劃扣司戴諾借款請飭票商承領由

江蘇巡撫文

練兵經費已在洋藥項下先籌一半交商匯京咨
呈查照由

又一件

蘇滬厘金籌解第百十七次代征銀兩已交商兑收又本局
剔除款內共借銀兩數目咨呈查照由

要

葡森使照會

借用洋款須先請 旨各節當飭本國領事官商一體
遵照由

、

又信一件

接到稅務處改定章程由
附洋文

閩浙總督文
補呈撥墊杜款銀兩乞照收由
兩廣總督文
義塾經費現由節省項下籌解交商匯報由
署南斐洲領事電
各僑偪迫焦急患病由
二十一日
陝甘督電
故提董福祥報効銀兩應否解京請
旨遵行由
要
美柔使照會

復中國官員無權擬借洋款一事已通行駐華領
事轉知美商由　附譯件

要　稅務處文　淡　四十三　設關類

九江關泊船界限仍以殷管溝爲度請轉復江
督由

駐和錢大臣文

咨呈第四次報銷電費請撥滙歸墊由
附洋文電局原帳

又一件

咨呈光緒三十三年冬季駐和參通書等員俸領
請備案由　附墨領十二紙

張家口監督文　免稅

英商仁記出口買馬應否免稅由

又一件

請發三聯運照二百張以備接用由

俄阿使信　　　　　　　　　　　　　　　　　　　　　　　　　　　　　　　　沒　三十八

和順洋行欠道勝分行之款請轉飭地方官設法辦理由

兩江督文

江海關道撥解前使俄胡大臣川資銀兩已交商滙部由

法巴使照會　　　　　　　　　　　　　　　　　　　　　　　　　　　　　　行船

英法公司擬自宜昌至重慶開行拖輪一事請飭新關照約遵辦由　附譯件

黑龍江巡撫文　　　　　　　　　　　　　　　　　　　　　　　　　　　　　內港行船

黑龍江行駛華輪規則請與俄使在京磋商由

稅務處信

協和醫學會願收貴部及各處捐款請代
道謝由

滬道電

盤款已交世義信電滙由

二十二日

奉電旨一道

弁允電奏悉董福祥報效之款所餘二十萬
兩留甯夏旗營之用欽此

度支部文

川督奏籌解本年黃浦江工程銀兩一片録
批知照由

又一件

贛撫奏滙解黃浦工程銀兩一片録　批知照由

比柯使照會　淡四十八
照送本國在外斯蕩德安設號燈告示三十五張
祈查照由　附告示三十五張　又譯件

署山東撫文
具奏山東糧道及道庫大使關防鈐記等件
均鮮交藩司接管一片抄稿咨呈由　粘抄

英朱使節略　販運淡四十六
風聞湘米禁由漢口轉運請轉飭湘省按約
辦理由

酌

税務大臣文　行船
撤銷粵省查驗華輪之案抄呈粵關税司
原呈由　附抄件

英朱使信　淡三十九
天津怡和洋行代運信子被海關扣留一事請
即賜回音由

農工商部文
華人遺授財產辦法已咨行修定法律大臣
得復再達由

英朱使信
北海領事署運用槍支被海關扣留請轉飭
免稅放行由

度支部文
浙撫奏浙海關第一百八十五六七八等結收支銀數
各摺錄批咨呈由

要

又文
張家口監督籌陳整頓辦法抄稟咨呈由
附抄件

要

墨胡署使照會
各省官員借用洋款辦法已轉知本國政
府由

要

和希使照會
中國各省借用洋商銀兩一節已轉飭遵照由

美柔使照會
槍礮進口新章已轉报本國及駐各官由 洋文

二十三日

南洋大臣電 先祀
金陵火油捐事謹依飭指飭令妥辦由

駐德孫大臣電 先祀
造送三十三年六月起至十二月底另款报銷冊由 附冊一本

川督文

滙解二次英德借款由

又一件

籌借五月分新定賠款由

酌 東督/奉撫 文 淡 五十一 內港行船

黑龍江華船行駛規則原議在哈就近商議現俄擬在玻璃開議諸多不便難保俄領借此延宕請轉催俄使速飭該領在哈商訂由

二十四日

要 德雷使照會

照復借用洋款辦法本大臣已閱悉由

酌 軍機處交片一件

山東限制外人事 密件 附抄摺

駐韓馬總領事文
四月分經費如數支領由

稅務處文
咨送梧州關一百九十結三成船鈔罰款銀兩由
附銀票一紙

又一件
咨送江海關一百八十九結三成船鈔罰款銀兩由
附銀票三紙

詹美生收條
收到款項由

度支部文
陝督奏嘉峪關三十三年分收支稅銀一摺鈔
批抄奏知照由　黏抄

又一件

川督奏重慶關一百八十八結征收稅銀一摺錄批

抄单知照由

又一件

浙撫奏浙海關第一百八十八結收支華洋稅鈔銀

數一摺錄 批知照由

、稅務處文 貨稅

滬甯鐵路運貨抽厘一事已飭總稅司妥擬章

程請轉復英使由

酌

湖廣總督電

運米屆滿自應不准再運至公司衙沈船數

米石等事公司業已回湘即由湘省查明辦理由

二十五日

滬道信

聞呈各國電滙幣價表由

調補駐義錢大臣文

請電滬速滙赴義川裝銀兩由

又信一件

又請電滙川裝並開明數目照撥由

要 駐海參崴桂委員文　禁烟

遵札勸禁洋烟並請照會俄使飭封華僑烟館

要 兩江總督文　償借類

咨報江海關三十三年分奉撥滙豐克薩洋款收放各數請查照由　附清摺一扣

要 又一件　償借類

咨報續借英德四厘五金款一百二十一暨百二十二兩
期應付本息業由滬道撥付並將閱票存覈由

駐日本李大臣文

請迅撥留學監督經費由

駐奧雷大臣文

奧開萬國熾務陳列會届時應否派員赴
會並有無陳列之品請轉咨並見復由

酌 駐英李大臣文

咨報華茶商業驟增並將該會之函及報告
表暨華錫即争市情形譯呈查核由附冊

要 駐比李大臣電

遵派繙譯官劉錫昌入比國行船會應
繳會費請咨郵傳部由

要 駐義黃大臣電

農業院開會日期由

南斐洲劉領事電

又並懇加經費由

駐和錢大臣電

復漾電代繳商部之款請由他項扣繳由

要 粵督電 免稅類

北海英領署用槍支已電稅司先准放行由

二十六日

陝甘總督文

應解本年三月分賠款交滬由

又一件

咨送報單由　単一

又一件

仝上由　単一

又一件

仝上由　単一

甘督文

仝上由　単一

又一件

仝上由

滬道申文

解還本部墊發胡大臣由俄回華不敷川資銀兩由

英朱使照會

九江領事詳稱停辦專賣官膏局竟有實

未遵行請嚴電贛撫速將此項弊端革除由　洋文

二十七日

川督電

銅幣停鑄碍難情形請代　奏由

要

義文使照會　博覽會類

照送農業會條規由　洋文一紙規條三本

一俄阿署使照會

俄商由恰運津貨物並無邊界俄員執照
事璞使已轉駐庫俄領據覆稱運貨屬
實深盼飭令海關遵約無得續納稅項由洋文

南洋大臣文

遵照赴藏張大臣經費由

又一件

滙解七十八期賠款由

山西巡撫文

咨送報單由 單十七

、日本阿部代使照會 土貨輸出

由大連營口等處輸出石炭應按照關平享
受同一之待遇由 附譯件

、又一件 貿易

要

南滿海路貿易應與北滿陸路貿易均一待遇由 附譯件

比柯使照會 博覽會類

照送萬國賽會規則並布派員入會由 附洋文章程及譯

墨胡署使照會

槍彈進口改訂章程已閱悉由 洋文

駐和錢大臣電

調員請領川裝事

上海道電

西正月賠款購齊鎊價事

度支部文

蘇撫奏滬關一百八十七八等結洋葯厘捐一摺錄
批知照由

二十八月

奉電旨一道

趙爾豐電奏停鑄銅元實有礙難等情著度支
部速議具奏欽此

湖廣督文

附奏滙解宜昌關奉撥上年分內務府經費庫
銀兩一片抄稿咨呈由　　粘抄

又一件

附奏動撥湊還本年五月分英德洋款一片抄稿
咨呈由　　粘粘

又一件

具奏滙解本年五月分新案賠款一摺抄稿咨呈由
粘抄

又一件
仝上由　粘抄

又一件
具奏認還本年一期俄法洋款本息等項一摺抄稿
咨呈由　附摺稿

上海道信
詳報四月中旬鎊價由
附表一帋

俄阿署使照會洋藥
海參崴桂委員發給華民吸鴉片牌照斷難允認或有〻
誤會請與桂道講釋並希見復由

英朱使照會
請電甯波道禁光明公司冒用船牌商標由
附洋文　蠟簡二件

駐義黄大臣電
請撥川裝銀兩并酌約洋員薪水乞示道由
二十九月
要
稅務處文　稽罰類
現擬嗣後德國停泊長江之兵船所有平常軍火
進口時由領事先報關隨即發照由
江海關道呈
遵撥日本館夏季經費由
又一件
遵撥和館夏季經費由
又一件

撥新加坡揔領署夏季經費由

又一件

撥駐美伍大臣夏季經費由

又一件

撥奥館夏季經費由

又一件

撥韓館經費由

又一件

撥英館夏季經費由

又一件

撥德館夏季經費由

又一件
撥俄館夏季經費由

閩督文一件
批解閩海關捐助三十三四年分義塾粥厰經費由

酌東三省總督電
哈埠糧石出口免税期限税務大臣與總税司辦法兩歧乞查復由

、俄阿署使照會 内港行船
黒龍江行駛華船章程必須華員赴伯里會同俄員訂定由 洋文

三十日

要

美柔使照會

禁烟事派劉道玉麟等為專員已轉報本國政府由　洋文

駐日本李大臣文

呈送三十三年九月至十二月收支各項四柱清册連同電費暨使署學生費清册由　清册三本　電報收條一本

又一件

使署及領署薪俸扣存銀兩列入特款新收項下由

又一件

呈送前任移交上年九月分電費清册並已支未報水道費册由　册二本

又一件

呈送自去年接任後使署各員暨各領薪俸領結由

駐海參崴委員文

購買商廨俄不照辦已稟薩大臣與俄内部
磋商請照駐京俄使並電催薩大臣速商由

江海關道文

呈解儲才館經費銀兩由

、又一件 [illegible]

籌議義商得利生將利公司牛捐一案辦法由

度支部復函

照籌接待美國艦隊用款請示知何時需用撥
給何處由

稅務處文

怡和私運葯引除札稅司妥速議復外咨呈查
照由

又一件
量船新章除劄總税司轉飭各税司申報以
核辦外乞轉復英使由

要
民政部文　禁烟
具奏禁烟章程恭録　諭旨知照由
附原奏章程

要
法巴使照會
塘沽碼頭海軍部亦當停佔由　洋文

駐德孫大臣信
譯員薪水暫由公費項下開支不另具報由

駐美伍大臣電
減收賠款事由

收項

五月初一日

江蘇巡撫文

江海關提觧第一百八十九結船鈔銀兩交商滙京由

又一件

牙厘局提觧代征貨捐銀兩飭商赴滬投交由

又一件

江海關提觧第一百八十九結罰款銀兩交商滙京由

順天府文

咨送當商本年夏季第二十五次表冊銀兩由

發項

五月初一日

要　俄阿署使照會　禁烟

海參崴禁烟發給牌照自屬不合惟該華烟館應從速封禁請轉行實力幫助由

農工商部文

光明公司與白禮氏蠟牌按之商標章程有無不合之處希核復由　附蠟筒二件

税務處咨　貨税

俄商牛皮羚羊角在津關納税辦法希轉飭總税務司查明酌核聲復由

要　日本阿部代使照會　貿易類

南滿北滿貿易辦法均應遵照合同辦理

協和醫學堂信一件
請領四五兩月津貼由收条二紙

度支部文
直督具奏江海關一百八十九結收支洋葯厘捐數
目一摺錄 批知照由

護江西巡撫電
英艦欲赴南昌聲稱已由彼國公使商請大部
允許是否果有其事如何辦理乞示遵由

又一件
川督具奏重慶関一百八十八結應提出使經費
一片錄 批知照由

滬道呈送各國金錢表

、稅務處咨 貿易
日本使請南滿北滿貿易均一待遇本部駁以
均應按照合同辦理請查照由 抄件

要 海參崴桂委員札 洋藥
禁烟牌照在俄境內非得認可不便發給至封
禁烟館已照會俄使由 抄件

初三日

張家口監督札
發交張字第九千二百一號起三聯運照二百
張由 附照二百張

閩督文
咨閩督收到義塾粥廠經費銀兩由

各國錢價由

商約盛大臣電
經費已罄請飭撥由

初二日

江海關道呈
奉撥駐海參崴桂委員經費由

江督文
歐海關一百八十九結罰款冊由　附件

駐德孫大臣文

、德雷使信
稅務處復稱擬嗣後德國停泊長江之兵船所用平常
軍火先期報関請示即發護照等語希查照見復由

要　護理江西巡撫電
英艦入湖本部並未允許由

酌　駐俄薩大臣電
崴埠購商廨事希請俄外部轉商內部允
准并改設領事催速定由

初四日

、奉天巡撫
東三省總督
黑龍江巡撫　文　行船
黑龍江行駛華船章程如何預行籌畫派員前
往伯里會議查核辦理由　附件

咨送參贊等墨領由　附墨領九紙

要 粵督文

升調稅司各缺由

要 駐英李大臣致丞參信

譯呈倫敦戒烟會年會決議四條並詳陳英政府決計禁絕鴉片由

、東三省總督電

穀類出口免稅事

署贛撫電

沁電悉官膏專賣事已遵飭停辦由

農工商部文

北京萬國賽會一事又准比使來照應否派員入會酌核見復由　附章程四本

比柯使照會

北京萬國賽會一事章程咨送農工商部由

、英朱使信 行船

考驗各船噸數中國可否照現改之法辦理一事准稅務處咨復應俟体察情形再行核定由

又一件

怡和私運葯引事稅務處已札總稅司妥議俟得復再達由

初六日

駐法劉大臣電
東電恙奉撥經費四千之四字是否捌字之訛
乞示由
初三日
廣西巡撫文
咨送南寧關本年正月分報單由
附報單十八張
又一件
咨送南寧關上年十二月分報單由
附報單三十六張
又一件
咨送梧州關本年正月分報單由
附報單一百零八張

要
英朱使照會　洋藥類
贛省官膏專賣已遵停止領照係為稽查限制
起見非專賣辦法由
正白蒙都統文
會同正藍漢承領春夏季當商繳到銀兩由
附表冊二本
禁烟大臣片
抄送駐英李大臣來暨倫敦戒烟會所議四事由
附抄件
初七日
江海關道札
義商承辦牛捐請撥還捐款事即設法商結由

兩廣總督文

滙解江海關道銀兩備還賠款之用由

陝甘總督文

咨送新泰興運貨聯單由

附報單一張

酌 江西巡撫文

九江稅司請推廣界址呈請核復再如蒙照允

擬請推廣界內不准再設躉船由

酌 又一件

九江郭女教士賣地與普道會一案擬定通融

辦法請照復美使轉飭遵照由

初四日

要 稅務處文 貨稅

准英朱使照稱滬甯鐵路運貨抽釐事應照合

同第十四款等語希查照由

要 江西巡撫文 內港行船

稅務處咨復九江關泊船界限仍在殷管溝為止

應擇附近地段停泊帆船由

湖廣總督

湖南巡撫 電

湘米索賠事

會議政務處片

議復察哈爾自闢商埠一摺應由本部主稿由

初八日

本部郎中長福呈
呈請賞假一個月赴日本神戶清理領事任
內經手事件並請照發資裝由

浙江巡撫文
具奏籌解本年二月分第七十五次新約賠款
銀兩滙滬兌收彙付一摺錄 批咨呈由

又一件
具奏籌解本年三月分第七十六次新約賠款
銀兩滙滬兌收彙付一摺錄 批咨呈由

浙江巡撫文
附奏報解上年九月十日起至十二月初十日止浙
東厘金銀數一片錄 批咨呈由

度支部文

北洋大臣電 貲訖
煤油捐事美使屢催希速復由

山西巡撫電 貲訖
仝上由

十一日

、稅務處文
日本阿部代使照請擬改東三省新開各埠運貨
試辦章程各節查核速復由 抄件

又一件
粵海等六關一百八十五至一百八十八結三成船鈔罰
款已收訖由

鄂督奏沙市関第一百八十九結收支各款税數數目一摺録　批咨呈由

又一件

鄂督奏江漢関第一百八十五結征收各項税鈔及支解銀兩數目一摺録　批咨呈由

税務大臣文

膠州関積欠使費准度支部咨復已劄知總税司遵辦請查照由

要　又一件　免税額

北滿洲穀類出口免税事仍照原定各節辦理咨呈查照由

、英朱使照會　覆訖

滬寧鐵路運貨抽釐事請查照滬寧合同第四十四款　附洋文

、英朱使照會

甯波光明公司商標與白禮氏之式様顯有區別應候農工商部咨明浙撫飭查咨復再達由

比德代使照會

歐斯地勒等海口撤燈換燈告白已咨送南北洋大臣由

南北洋大臣文

比使照稱歐斯地勒等海口撤燈換燈咨送告白請查照由　附告白二十張

農工商　度支部文

咨送三十三年各口貿易總論二冊由　附冊各二本

海參崴桂委員電

初五日

要 軍機處交抄摺 開埠類

察哈爾都統誠勳奏條陳邊疆鉄路將通張
家口一帶宜開商埠一摺奉 硃批該衙門議奏欽此

酌

鄂督文

委解本年第一批籌備餉需銀兩由

粵督文

本年夏季粵海關應備賠金價銀四萬兩解
交度支部請查照由

酌

鄂督
湘撫 文

日本告糴湘省米石延不議價接運致被水
衡沅並饑人口請照會該使按照議單賠卹由

購商廨及改設總領事經雷薩大臣據復已切催
俄外部得復再問由

十二日

税務處
郵傳部 文

美國文使照會

准駐義黃大臣咨復華人護照可將姓名年貌用法文書
寫並認人小冊華人願購亦聽其便等語希查照由

海參崴桂委員札 洋藥

嚴禁烟館一事准俄阿署使照復已轉達邊界官
員嚴禁由

川東道札

重慶關應捐京師義塾術廠三十四年分經費已
如數代收由

十三日

初六日

（要）兩廣總督文　稅務

代理江門稅司羅規謝接印由

鄂督文

江漢關一百六十四結征收洋稅冊由

又一件

委解第二批京餉由

又一件

委解第二批邊防經費由

理藩部片

議覆察哈爾都統等奏邊疆要地宜自闢商埠一捐應由本部主稿會同辦理由

十四日

（酌）東三省總督電

拉哈蘇蘇設關事

陝西巡撫電　貨稅

太古羊毛案已據來電咨北洋轉飭津關道再與英領磋商由

十五日

日本阿部代使照會　洋藥

酌 農工商部文 博覽會類

奧國獵務會無人赴會由

又一件

江漢關一百六十四結征收華洋船稅清冊由

冊一

又一件

江漢關一百六十四結征收洋藥稅冊由

冊一

又一件

江漢關一百六十四結罰收洋商罰款冊由

冊一

、美柔使照會 覽

禁運莫啡鴉一事現實行禁烟関係切要即從速
見復由

江蘇巡撫文

京師義塾粥廠經費銀已收訖由

、北洋大臣文 覽

太古羊毛案陝撫電復不以津關道所擬辦法
為然應仍飭該關道再與英領磋商由

十八日

會議政務處片

議覆察哈爾都統奏邊疆宜闢商埠一摺應將
會稿送畫并開列堂銜送還由

十九日

山西太原直隸順德地方官抽厘事迄未見復請
飭速禁由　洋文

初七日

要　署總稅務司文
申送華洋貿易情形總論冊由　附冊十二本

兩江總督文
具奏金陵機器局經費報銷一案抄稿咨
呈由　附摺稿一本清冊七本

湖南巡撫文　貨稅
請減輕出口出井錫稅劄總稅務司轉飭遵照
並見復由

司員長福墨領

要　俄阿署使照會　行船類
提議黑龍江上下游行駛華船章程並無
不便轉飭照議由

英朱使函
函復更改海船號令新冊業已閱悉由

比柯使照會
照復比國賽會章程農工商部已將總
章再行各處俟復到再酌辦由

酌　日本阿部代使照會
愛琿齊齊哈爾松花江設關事東三省
總督咨復已飭濱江道等與俄領
商議由

領到川裝由

、贛撫電

民間買賣房產使用官契紙事

要　度支部文

修濬黃浦經費藉屬司道局各款既由本

省自籌自應准其湊撥惟動用漕項銀兩及此次改善各款須一律奏諮釐

駐俄薩大臣電

復歲埠購商廨并設總領事由

初八日

農工商部文

、東三省總督 / 奉天 / 黑龍江巡撫文　內港行船

俄阿署使來照祇允會議兩國司轄之黑龍江行船

章程他處未便商議本部已駁以應速上下游提議由

二十日

稅務處信

收到撥款銀四萬兩由

要　美柔使照會　貨稅

直隸順德府煤油捐現已停辦由

要　又一件

考察商務委員潘斯熾李經滇准西七月七號

坐船赴美由

咨復寧波光明公司商標與白礼氏之式樣顯有
區別仍俟咨明浙撫飭查由

、日本阿部代使照會
商改洋土各貨運往東三省新開各埠試辦章
程各節請酌復由　附譯件

駐美伍大臣文
收到二三兩月經費由

駐日本李大臣文
收到夏季經費由

步軍統領衙門印領
領四月分看守鉄路電線官兵口分等項銀
兩由

二十一日

要　英朱使信　稽罰類
請轉飭英兵船勿再駛入鄱陽湖由

稅務處文
收到江海關第一百九十結重慶關自一百八十五至一
百八十八結三成罰款並牌費銀兩由

各司
繙譯處　傳單　又儲才館一件　廿二日發
奉　堂諭傳知各司及繙譯處有無嗜好
分別出具切結由

南洋大臣電
已函達英使轉飭勿再入湖由

稅務處文

委解粵海等關之成船鈔罰款等項

銀兩由　附单銀票

要　湖廣總督電

征收茶厘向無洋商請領聯单本年忽有英

商持滬關聯单採購現擬辦法如有爭執須竭力維持由

、比德代使照會

本國歐斯地勒海口白號燈現經撤去再喇巴

俄海口綠號燈已換紅號燈由　附告示二十五張

要　稅務大臣信　洋藥

美國請派員會同考查鴉片一事署總稅司申

稱擬派造冊處稅務司由

、又文　貨稅

、酌　南洋大臣 山東巡撫 閩粵督電　稽罰類

日本承造暹羅魚雷船隻將來如遇天氣險惡避風

中國不通商口岸乞先期知照地方官以免誤會由

二十二日

要　德雷使函

德兵艦允不入鄱陽湖准南洋大臣函告轉達感

情由

、南洋大臣函

德艦商訂勿入鄱陽湖函已悉茲英艦入湖

已函英使禁阻由

要　郵傳部文　稽罰類

東福公司輪船應准由烟台駛往海參崴高

麗日本不准由不通商各口行駛由

滬寧鉄路載運已完進口稅貨發給免單及滬
寧鉄路運貨抽厘事總稅司已轉飭妥擬稽查章程由

初九日

湘撫電

湘商衡沅船米飭道查明細数咨達由

要 度支部文

滬道稱所有上年前半年新賠款已付各國
之本金歸下半年結算照案辦理由

要 駐義黄大臣文 博覽會類

密拉諾賽會事竣由

酌 又文

崇文門監督文

德使函稱德商瑞生洋行運供中國電燈機器
請放行等語希查核見復由

二十四日

要 署直隷總督山東巡撫文

東海關道所擬公會一切辦法自應准其立案由

東三省總督文

拉哈蘇蘇俄稅関應令撤遷一事俄使已允
商俟續覆再達由

農工商部片

議復察哈爾都統奏邊疆宜闢商埠一摺應將
會稿送畫並開列堂銜送還由

二十五日

洛復華人郵局領銀物護照在末尾將姓名用法
文書寫至認人小冊簿賬者亦聽便由

要 又文 博覽會類

呈送密拉諾賽會所得獎憑清单由 单一

要 稅務處文 貿稅類

俄商牛皮羚羊角在津納稅辦法已札署總
稅司按照所開各節查照由

要 江督文

應遞英德洋款第一百四十四次本息已向滙豐德
華賠付由

張家口監督呈

呈送四月分報单由 单照一封

、浙江巡撫電 稅則單照

日商在溫州請領聯单關道不允日使請照約發給究竟
此事辦理如得速電復由

要 度支部文 償借類

照錄道勝銀行應付一千八百九十五年四厘金債請单咨
呈由 附抄件

、稅務處文

德穆參贊函請停泊長江之兵輪裝運平常軍火發
給全路護照等語希酌復由

、湖南巡撫文

湘米禁運漢口以下口岸須仍由湘省與英領磋商由

要 日本阿部代使照會 貿稅類

正白蒙都統印領
會同正藍漢承領春夏季當商繳款由

山西巡撫電
煤油稅事已飭籌辦俟復到即函達由

初十日

要 俄阿署使文 禁烟
鴉片事已轉達本國邊界官員嚴禁華
民吸食由 附洋文

閩浙總督文
第七十八期備還賠款銀兩匯滬由

東三省各埠運貨章程據稅務處咨復礙難更
改由

俄阿署使照會、、
北滿洲稅關細章應行增改之處從速商妥以憑遵
守迅即見復由

二十五日

郵傳部文
訂借洋款必須奏准後再照會各國公使今向滙豐借
款即將奏案抄送以憑辦理由

二十六日

要 俄阿署使照會 開埠類
愛琿商埠事應查照原議互換利益由

要 美柔使照會 免稅類
太原府煤油捐已免按貨征收即係停辦其另勸商
民樂輸自可准辦由

又文

閩海關應解彙還英德借款滙滬由

又文

籌撥第六期新業賠款滙滬由

滬道稟

開送西歷五月上旬鎊價由 附表

江西巡撫文

具奏九江新關第一百八十九結併征洋藥稅
厘支銷實存數目一摺抄稿咨呈由 附抄稿清單一

又文

德雷使函

瑞生洋行運供電機等項一事據崇文門稅務衙門咨
復請飭補稅等語希查照由

度支部文
兩廣督

廣東鑄造毛銀英使請允照港督所擬辦法辦理仍
會商辦法早復由

二十七日

要

稅務處文 免稅類
農工商部

和希使函請赴蘇島梅丹地方賽會物品出口免稅
希轉飭辦理查照由

和希使函

赴蘇島梅丹地方賽會物品免稅一事已咨稅務處辦
理由

具奏籌撥光緒三十四年分鉄路經費歸還滙豐鎊款息銀滙滬一摺抄稿咨呈由 附抄稿

又文

撥提加復俸餉等款抵解新案賠款三十四年第二批銀兩滙滬一片抄稿咨呈由 附片稿

又文

奉撥光緒三十四年應解滬関彙還英德借款第二批銀兩滙滬一片抄稿咨呈由 附片稿

又文

具奏九江新関第一百廿九結洋稅收支數目一摺抄稿咨呈由 附摺稿清單一本

駐日本李大臣文

橫濵領事申稱華民出洋艱難並中途因病留治酌量給資可否照辦由

日本阿部代使函

船艇經過烟台江浙閩粵海面江督東巡電復已知照各處地方官由

理藩部片

現有議覆察哈爾都統奏邊疆要地亟宜自闢商埠一摺片送會奏稿畫齋後送還本部由 附會稿一件

二十八日

、禁烟大臣文

美政府派美員耒德等為會議禁烟之員即查照由

鍾道文耀

劉道玉麟

闞道景賢

劉

仝上由

稅務大臣文
英商怡和私運葯引候稅司議復到日再行
核辦由

瑞倭使致聯大人信
議約事

又文
張家口監督請整頓子口單一節與約章
不符礙難照准由

川東道呈
申觧光緒三十四年顧學堂經費由
附銀票一

又信

美柔使信
衛隊需用軍火等件已飭津關道查驗放行由

二十八日

要 津海關道劄 免稅類
美使請運使館衛隊營軍火十六包件即查驗放
行由

要 度支部文 償借類
本年三月第二十七次應付息借滙豐銀款取據關票
咨送查銷由 附關票一紙

南洋大臣文
安徽巡撫
英使請將蕪湖新關碼頭木牌設法遷移即飭
關道察酌辦理由

經費支絀願學堂三十三年經費請豁免由

十一日

酌 駐俄薩大臣致參丞信

俄太后覲見事俄主從妹出嫁事派駐中國

公使尚無定在消息事由寬至哈鉄路事俄京萬國行船會事

度支部文

蘇州関第一百八十九結徵收稅鈔並開支數目錄

批知照由

署山東巡撫文

洛报運庫籌觧光緒三十四年七月新定賠款

銀數日期由

、酌 奉天巡撫信 䕶司分收

實業類

江西巡撫電

英兵艦勿再入鄱陽事英使仍未允現又駁復由

二十九日

酌 南洋大臣函

函復致南洋大臣英艦入湖鄱陽湖事英使覆到又復

函商阻抄送来往信函備核由 附抄件

要 英朱使函

函覆英朱使兵艦入鄱陽湖實與條約不符請嗣

後非緊要事故勿再入湖由

稽罰類

、比德代使文

照復比德代使歐斯但德海口旗燈告示已閱悉由

鈔錄范委員詳陳沿烏蘇里江一帶邊務商務墾務
航業財政諸端原稟請鑒核辦理由

輪船公所領呈

請領接待日本造船工師等項用款由

東三省總督電

俄領言拉哈蘇蘇稅關允撤惟須先將約定由

理藩部片

議復察哈爾都統等奏邊疆要地亟宜自闢商埠
一摺應否由會議政務處主稿會同外務部及本部之處即
見復由

十二日

東三省督文

俄人在拉哈蘇蘇設關碍我主權應請照會俄使
飭俄領將關撤去由

北南洋大臣文

咨南北洋大臣送比德代使原送歐斯但德海口旗燈圖
畫法文告示由　附總文告示一千張

兩江督文

江海関撥出使各館夏季經費銀兩業已照撥由

又一件

江海関應撥出使俄館等處夏季經費銀兩業已照撥由

江蘇撫文

咨解本年分義塾粥廠經費銀兩由

庫倫辦事大臣文

咨報本年三月分並無俄人呈交憑票由

度支部文

桂撫奏梧州関第一百八十八結收稅及支數一摺錄　批咨署

十三日

鄂督文
委解本年第二批邊防經費銀兩由

又一件
委解本年分第二批京餉由

、東三省總督電
拉哈蘇蘇設關事

陝西巡撫電
太古行案請咨詢北洋飭查關道憑何定斷由

十四日

開埠類

酌 奉天撫信　行船類

函送徐制軍電諭行船事暨拉哈蘇蘇稅關事

駐和錢大臣文

請撥六月分義館新章經費由

又一件

前代農工商部購運農種農具應繳還銀兩請於應領電費內就近提撥由

要 又一件　貿易類

咨送和蘭本境商務報告書

浙撫文

匯解浙東貨厘銀兩抵還英德借款由

酌

上海紳士電
推廣租界事

十五日

內閣傳鈔
禁烟大臣咨稱各衙門堂司各官有無嗜好據
塡註咨復由

張家口監督呈
收到三聯運照由

閩浙督文
片奏籌觧新定價款抄稿咨呈由

農工商部文 觧三十五

咨復北京賽會事再將總章清冊通行各處應否
派員入會俟各處覆到酌核辦理由

、英朱使信 鱗三十四

更改海船號令刊印新冊請轉達政府由

俄阿署使照會 鱗二十三 行船

照復黑龍江行駛華船事仍請從速辦結由

湖廣督
湖南撫文

咨送湘米被衝及傷數目請日使分別停辦償卹
並見復由

十六日

要 禁煙大臣文 潛二十一

奏定禁烟查驗章程一摺錄 旨抄摺咨行照章填
表彙齊咨送由

兩廣督文

咨報九龍關正月二十日至二月二十九日出口軍火件數由

駐海參崴桂委員申文

收到滬滙房價銀兩由

酌

東三省總督文　觧三十七

籌辦愛琿等處酌量設關並催撤松花江俄卡由

十七日

稅務處信　觧四十

撥銀四萬兩由

湖南巡撫文

長沙關百七十六結至百八十八結應解陸軍部平餘

銀發商滙兌由

湖南巡撫文

長沙關遵章刊備槍彈進口護照由

又一件

長沙關滙解自百八十五結至百八十八結三成船鈔銀兩並聲明以後滙款按照時價據實開報由

又一件

長沙關滙解自百八十五結至百八十八結罸款銀兩並聲明以後滙款按照時價據實開報由

度支部文

署直隸督具奏秦王島津海兩關第百八十九結洋稅收支數目錄 批咨呈由

又一件

湖廣總督具奏江漢關第百八十六結華洋稅收
支數目摺　批咨呈由

署直督電　貨税

順德大油捐事遵庚電查覆由

要　北洋大臣文　貿易類

與韓國通漁一事似宜各守各界較為妥善由

十八日

稅務處文　䊮四十二

委交江漢關應解三成四劃款暨船牌費銀兩由

又一件

委交重慶關應解三成四劃款暨船牌費銀兩由

安徽撫文

咨送蕪湖關第一百八十三結經徵各款清冊由

又一件

咨送蕪湖関第一百八十四結經征清冊由

又一件

咨送蕪湖関第一百八十三結經征洋葯税釐清冊由

又一件

咨送蕪湖関第一百八十四結經征洋葯税原清冊由

九江關道呈

本年第一期應還俄法還款已解江海関具加鎊銀兩現難籌解由

酌兩江督文 鱗四十四 稽罰類

德國兵船游歷將來不入鄱陽湖已由德領立文為據此後他國似可援例商阻至應否適謝德使之處請裁酌施行由 粘抄德領照會稿一件

酌又信一件 鱗四十四

德兵船不入鄱陽湖已由德領立文為據擬請將該領来文照會各國公使訂定不准入湖一律辦法由

湖廣督文

江漢關委解本年第一批加放俸餉等銀赴滬由

又一件

附奏滙解宜昌關奉撥光緒三十四年分內務府頭批經費銀兩赴京交納一片抄稿咨呈由

又一件

附奏委解江漢關本年第二批京餉東北边防經費銀兩赴京交納一片抄稿咨由

十八日

赴美考察商務專使梁大人電
致經濵等

行船日期乞告美使由

十九日

江海關道函

開呈五月中旬各國幣價表由

兩江督文

江海關滙寄海參崴桂委員購房價銀由

宣化縣文

申送收回三聯報單

廣西撫文

咨送南寧関本年三月分各局卡繳到聯單
并貨物觔重数目清摺由

又一件

咨送鎮南關第一百八十七結征收各稅及支銷銀清冊清单由

又一件

咨送鎮南關第一百八十六結征收支稅及銷各款清冊清單由

又一件

呈送梧州關第一百八十五結至一百八十八結征收各稅暨支銷數目清冊清单由

度支部文

蘇撫奏江海關第一百八十七八兩結征收華洋各稅及支解數目一摺又奏報第一百八十七八兩結征收華洋船鈔等銀數目一摺錄批抄單咨呈由

又一件

廣西巡撫奏南甯關第一百八十九結期滿征收稅銀及支銷銀數一摺錄批咨呈由

要

郵傳部文 鱗四十五　　行船類

咨呈上海公司原擬行輪章程十條似屬可行
惟擬將輪船由煙台駛往海參崴等口岸究竟
核與各國通商條約是否可行請核復由

黑龍江巡撫電　　行船

行駛華船章程仍應在哈埠速議希照
復俄使並電復由

駐和錢大臣電

義館六月費請勿撥由

二十日

要

俄阿署使照會 鱗四十七　　設關類

照復拉哈蘇蘇設俄稅關撤遷俄境事本
國業經大致允准所擬撤銷一切情形俟森彼得
堡定妥後再行知照由

駐法劉大臣文

從本年五月初一日起酌加法日葡三館人員薪水由

署直隸總督
山東巡撫文 鯖 四十八

咨呈東海關設立公會一切情形請核復飭遵由 附清册

要民政部文 禁烟

咨送左分廳簡章乞核復由 附手摺

南洋大臣電

英艦駛入鄱陽湖事

、酌 駐俄薩大臣電 行船

行船會已于初九開會所派會員均蒙俄主接見又繙譯鄭延禧等往波羅的海考察工程畢容再報告由

農工商部文　鮮七十四

駐和錢大臣咨請撥還訪購農種農具等銀兩請備齊知照承領抑備文咨送理見復由

要　貿易類

駐英李大臣文

咨送試署商務委員報告册由

二十一日

湖廣總督文

咨報委員批解第二批籌備餉需銀兩由

德館參贊穆修士信

德商瑞生洋行運京電燈機器等件崇文門已收值百
抽三之稅仍不放行請轉告稅務衙門速飭放行並速賜覆由

、農工商部文

咨復收到總稅司華洋貿總論及各項比較表由

要 兩廣總督文 稅務

威禮士升補拱北關稅務司由

駐義黃大臣致參丞信

請撥經費及川裝銀兩由

、兩江總督文 貨稅

寧蘇滬旱卡捐則條款章程合同請核復由
附冊一本摺三扣

華俄道勝銀行稟

稟呈付一千八百九十五年之四厘金債清單由　附清單

日本阿部代使照會

北滿洲稅關征稅事務請速定見復由　洋文

二十二日

要　署山東巡撫文　租界

烟台修建馬路改造道署及增設巡警等事希查照備案由　附清冊

粵督文

應還光緒三十四年五月期內英德洋款已交商滙滬由

英朱使照會

港督所擬互停銅銀各補助幣辦

法希酌復由

二十二日

東巡電

日船艇繞道烟台南下事

酌　税務大臣文麟五十五　貨税類

日使請改東省各埠運貨章程碍難更改請

酌復日使由

要　又一件　貨税類

大孤山出口貨税仍照向章辦理請查照由

要　駐日李大臣文　貿易類

咨送商務委員黃遵楷報告日本蠶業
冊由

江海關道呈文
滙寄駐和使館電費銀兩由

要 湖南巡撫文 麟五十四 貨稅類
湘省運米辦法抄呈前咨由

德穆參贊信 麟五十三
停泊長江之兵船裝運軍火請發金路護照希
轉行稅務處見復由

湖廣總督文
咨報解餉委員起程日期由

要 郵傳部文 麟五十 償借類

抄送訂立滙豐借款合同照會英使由

滬道電

撥滙黄大臣銀兩事

要 二十三日

駐比李大臣

致丞參信 博覽會類

派劉錫昌赴萬國行船公會由

酌

東三省總督

署黑龍江巡撫文 鱗五十七

邊界俄員不認互換利益之説請照俄辦理由

南洋大臣文

滙解使費由

又一件
咨送罰款清冊由

熱河都統文
咨送德商運貨聯单由

日本阿部代使照會 潛三
日商在温州請領三聯単希查前次照會
電飭發給由

酌 山西巡撫信 鱗五十八 貨税類
太原煤油抽税無碍約章請酌復美使由

湖南巡撫文
滙解七十九次賠款由

又一件

動支漕折滙解賠款由

又一件

滙解第三批賠款由

又一件

咨呈長沙関一百八十九結各項清冊由

江海関道信

開呈各國幣價表由

江蘇巡撫文

移解專使經費由

同二十三日

又　江蘇巡撫文

呈解一百九十結罰款銀兩由

又一件

撥解海防經費由

又一件

滙解厘局代征捐銀由

又一件

湊解蘇滬厘金由

又一件
劃解北洋海防經費由

又一件
匯解𤗆費銀兩由

又一件
起解船鈔銀兩由

、內閣會議政務處片
片送會奏察哈爾都統請自闢商埠摺稿並開具堂銜由　粘單一件

二十四日

要
和希使信

和屬蘇門答臘島梅島地方賽會請轉飭廣州等處凡往賽會者免征出口稅由

閩浙總督文

片奏滙解第七年第四期新定償款等抄稿咨呈由
粘抄件

九江關道呈文

申報匯解滇省軍餉銀兩由

又一件

申報奏解本年分京餉及内廷經費由

登萊青膠道申文

申報本年五月分應還英德本息銀兩已奏解由

要 兩江總督電

日本船廠承造暹羅艦艇經中國海面已轉行地方官
知照由

酌

奉天巡撫信

接徐制軍函調查日本商人在滿洲之財力并四月分
郵便貯金列表照錄轉達由 附抄摺

江督電 行船

日本船艇經中國海面已轉行地方官知照由

酌

崇文門商稅衙門文 貨稅類

德商瑞生洋行運供中國電機等項事辦理並非竊違請
轉達德使速飭該商補稅並可通融起貨由

二十五日

酌

奉天巡撫信

日人設渡事

章京麥信堅 謙豫 呈

奉派接待美國艦隊擬借支經費以資應用由

駐英李大臣文

據南斐洲領事申復辦理華僑戒烟事情形祈察照由

又一件

咨復使館辦理禁烟情形由

護理江西巡撫文

具奏三十四年第六期撥解新案賠款銀兩一片抄稿咨
呈由

又一件

具奏三十四年第七期撥解新案賠款銀兩一片抄
稿咨呈由

又一件

具奏道庫應解三十四年第七期漕折償款匯
滬兑收一片抄稿咨呈由

東督
奉撫 文

俄政府允將拉哈蘇蘇稅關撤還俄境請照會
俄使商定辦法見復由

要 兩江督文 償借類

江海關撥還息借匯豐銀款應付第二十七次減息
銀兩咨送收回關票請查收核銷由 附關票一張

要 美柔使照會 洋藥

簡派美員來德卜而科等三員為考察鴉片之
代表赴滬會議禁烟由

英朱使照會

蕪湖新造碼頭還移木牌非易有碍通商場之發達
請咨該省設法辦理由

又一件

照復兵輪駛鄱湖居民欣然南昌大吏何

敵仍有違言嗣後每於入湖之先知會地方官優待由

二十六日

要 北洋大臣文

斐洲冊費應解外務部北洋餘款請撥充保工

局經費由

要 粵督文 稅務

咨報調署廾補稅務司等缺由

度支部文

度江海關經付自百九期起至百二十期止續借英德

還款由

又一件

湖廣總督奏沙市關一百八十五結起至百八十八結止收支各款一摺録　批咨呈由

又一件

湖南巡撫奏長沙關百八十五結起至百八十八結止收支各疑一摺録　批咨呈由　粘抄

滬道電

賠款贖價事

美柔使信

接衛隊統領已聶特函称現由美國運来軍火十六色件已至津請　知照津海關查驗放行由

俄阿署使照會

北满州税關章程應行增改各條俟本國駐哈總領復到再知照由　附洋文

二十七日

南洋大臣文

咨送甌海関第一百九十結華洋税鈔
及支觧各款清单由　附单

陝甘督文

咨送嘉峪関征收第九十三結洋税单費
銀兩數目清冊由　附冊

又一件

咨送嘉峪関征收九十三結商販陸運洋
貨進口税銀兩數目清冊由　附冊二

湖北巡撫文

附奏江漢関一百八十九結出使經費銀兩觧
滬一片抄稿咨呈由　附稿

又一件

具奏本年六月分新案賠款一摺抄稿咨
呈由　附稿

比德代使照會

照送本國歐斯但德海口設立燈旗圖畫告示並希轉咨由 洋文 附告示二十五張

駐和試署二等通譯官江煌領請領川裝由

駐和錢大臣文

咨送二等參贊官施紹常上年冬季及本年春季六箇月俸薪受領正證由 附受領正證六紙

要

駐英李大臣致參丞函信 禁烟

函送英國勸戒洋烟會來函譯文由 附函

農工商部片

片送議復察哈爾都統奏邊疆要地亟宜自闢商埠奏稿開列堂銜俟定期具奏即請知照由 附稿 粘堂銜

日本阿部代使信　劉易
南北滿洲貿易總望與以同一待遇由　附譯文

二十八日

九江關監督呈
呈報滙解滇省軍餉日期由

南洋大臣文
鎮江關撥解稅務處本年春夏二季經費由

浙江巡撫文
具奏滙解第七十七次新約賠款一摺抄稿咨呈由　粘抄

江海關監督呈

電滙駐法劉大臣經費銀兩由

又一件

滙寄駐義黃大臣川裝並使署六月分
經費銀兩由

又一件

滙寄駐日本李大臣遊學監督費銀兩由

又一件

電滙駐和錢大臣赴義川資銀兩由

又一件

批解商約大臣經費銀兩由

本部主事阿克敦呈

呈請予限戒煙事

護理江西巡撫電
英艦張駛進省藉奉水師提督命令請
續向英使核辦由

二十九日

要
駐韓馬總領事信　租界
函陳先後與統監府商議釜山元山租界情形先將
上年函達統監府商辦各節抄呈並請赴京
面稟之處祈恩准由　附抄

理藩部片文
片送議復察哈爾都統奏邊疆要地亟宜自
闢商埠會稿一件由

要
駐俄薩大臣文　貿易類
呈送俄國商務冊由　附冊

要 郵傳部文 償借類

具奏路款短缺謹遵前案續擬籌借以應急

需一摺錄 旨抄奏咨呈由 粘抄奏

要 浙江巡撫電 稅則單照類

有電悉溫關三聯單辦法現已電溫關道照部

諭與日領商訂仿鎮關辦法辦理由

、東三省總督 吉林巡撫 文

俄允將拉哈蘇蘇稅關撤還俄境事現由杜道與俄

領商辦除已批示外請查核由

三十日

南洋大臣文

交商滙解墊發使日胡大臣款項由

要

察哈爾都統文　開埠類

具奏請開口外商埠一摺錄　批抄稿咨會由

附原奏

兩江總督文

金陵關應解第四次賠款銀兩文商滙滬由

又一件

咨呈會奏江蘇省遵解光緒三十三年分旂營加餉銀兩抵付新案賠款摺稿由　摺稿一本

又一件

咨呈蘇省派解賠款自光緒三十二年十二月起至三十三年十一月止共十二期按期勻解清款摺稿由　附摺稿

又一件

金陵關應解四月分第五次賠款銀兩文商滙滬由

江海關道文

呈海憲部墊付出使日本胡大臣川裝銀兩文商
滙京歸款由　附批

南洋大臣電

鹽斤加價請代請　旨事

六月初一日

奉旨一件

端方電奏江南財政窘迫已極擬請按鹽斤再加價
二文以資接濟各節着照所請度支部知道欽此由

護四川總督文

咨照籌解本年內務府經費並平餘銀兩由

又一件

咨照本年第二批京餉動撥洋稅銀兩由

又一件

咨照滙解本年鐵路經費歸還克薩本息暨動支
滙費銀兩由

六月初一日

駐和鐵大臣文

代農工商部購運農種農具銀兩本部已墊付應俟續
撥經費時再扣還由

農工商部文

使和鐵大臣咨請撥還訪購農種農具等銀兩本部
業已備齊希派員領取由

禁烟大臣文

抄送駐英李大臣送來英國勸戒洋烟會來函由
附抄件

兩江總督電

奉旨江南財政窘迫擬請按鹽斤再加價二文各
節着照所請欽此由

又一件 章八

咨照籌解本年六月分新定賠款暨動支滙費由

又一件

咨照籌解本年頭批専使經費銀兩暨動支滙費由

前代辦駐英使事陳貽範呈

呈送開支經費清册由 附清册三

初六日

要 粵督文 潛陸 圜法類

停鑄小銀元事請照復英使由

皖撫文

度支部片

抄送江督鹽斤加價來電并奉 電旨由 附粘抄

初二日

要 遞正摺一件 訂約類

具奏修改瑞典通商條約請 簡派全權大臣畫押由

要 日本阿部代理使照會

溫關不發烟葉聯單係因章程未定浙撫已飭關道與日領議訂由

郵傳部文

訂借滙豐銀行洋款已撥成案照會英使由

咨報滙解蕪湖新關一百九十結出使經費文江海關道兑收
由 附清摺

又一件

咨報本年五月二批英德借款銀兩交商滙滬由

酌 南洋大臣文 潛五

美軍艦欲在滬安設浮樁事請酌復由 附抄件

閩督文

具奏還清滙豐銀行洋款一摺錄摺知照由 附抄件

協和醫學堂收條

收到六月分津貼銀兩由

要 英使朱照會 償借類

郵傳部訂借滙豐銀行銀乙百萬兩既奏准有案
應轉飭該洋商遵照由

初三日

要 瑞倭使照會

中瑞條約已奏請 簡派全權大臣畫押錄
旨知照由

度支部片

片復本部主事范迪襄確係為貴部主事張用賓
出具戒烟結由

初五日

要 英朱使照會

南洋大臣電

英艦司乃普駛入鄱湖後金沙繼之准江西撫電如何

商阻乞復由

度支部片

片查貴部主事范迪襄為張用賓戒煙出結是否屬

實務速聲復由

文

文

鄂督奏委解江漢關第一百八十九結應提出使經費銀兩等

因一片錄

批知照由

初三日

稅務大臣文

派員賷交江海關第一百九十結三成船鈔銀兩由

附票一張

廣東限鑄毛銀一事粵督洛復各節自係實在情形

請查照由

粵督文

廣東限鑄毛銀一事已據來洛照復英使由

稅務處文

貿易

南滿海路貿易援照北滿規定免稅事日本又來

照申辯希酌核見復由

要

美柔使節畧一件

禁烟類

美軍艦擬在浦江專泊一事滬道所稱各情屬實由

初六日

稅務處文

稅則單照

兩廣總督文

滙解一百八十五結至八十八結船鈔銀兩由　粘單

又一件

滙解粵海等關罰款銀兩由　粘單

駐俄薩大臣文

請加撥學生費六千兩由

又一件

俄館各員均無煙疾各埠華僑已飭勸戒由

駐日本李大臣文

日本代使請給日本商赴江西内地採購茶葉所請聯單事希速核復由

又一件

江海關應解三成船鈔銀兩本部已收訖由

初七日

東三省總督電

劉薩克圖郡王烏泰借債案應奏明請　旨辦理由

農工商部文

奥使函請派員入萬國商會希核復由　附洋文章程五件

又一件

收到留學監督經費銀兩由
日本阿部代使照會　潛十
本國商人在江西購買茶葉請速飭江西撫均可請三聯
單等由
初四日
要　駐義黃大臣致參丞信
報告萬國農業公院開會事義國新造戰船事寄呈密
拉諾賽會獎牌事　牌另由郵寄
奧師護使信　潛十二
西本年九月五號在本國布拉克埠開萬國商會請派員
入會由　附章程十紙
駐英李大臣文

義國農業會本年應納金額應如何撥給查照
辦理由
稅則單照　郵傳部文
訂借北京滙豐銀行洋款事英使照復已飭該行
遵照由
初八日
、會議政務處
農工商部
理藩部　片各一件
議復察哈爾自開商埠應緩辦一摺定於六月十
二日會奏堂銜有無註寫即聲復由
江海關道電
日商三井行運滬軍火是否軍營官局所購抑係槍樣
槍樣彈希查照新章辦理並電復由
初九日

咨報收到本年夏季經費由

新嘉坡總領事申文

申報收到補撥經費暨春季經費由

又一件

申報收到本年夏季經費由

又一件

申復辦理戒煙情形由

又一件

申報至本年三月底收過照費并支過電費數目由

附清摺一扣

税務處文　貿易

日本阿部代使謂東三省運貨新章頗瑣難表同意查核聲復由

初十日

農工商部文

咨送貴大臣寄到密拉諸會場所得至大榮譽獎憑由

要

英朱使照會　稽罰類

怡和洋行私運藥引一案據税務處咨復應斷令充公由

税務大臣文　土貨輸出

准日史照稱滿洲所產小麥及穀類請准由海路輪出等語希核復由

要 英朱使照會 潜十四 償借類

郵傳部訂備滙豐銀款事已將來文譯行遵照由

駐義黃大臣電

請撥農業會本年認款由

初五日

日本阿部代使照會 潜十九 土貨輸出

滿洲所產麥穀請准由海路輸出一事祈速為許可見復由

、又一件 貨稅

撫順煤炭出口稅請與青島之出口炭稅一律辦理由

又一件

德穆代辦信

德國停泊長江之兵船所用年當軍火進出口請發全致護照事准稅務處咨復各節請查復由

十一日

農工商部文

日本阿部代使請將此次改訂高標章程草稿抄送查酌見復由

要 駐美伍大臣電

漁業公司推舉美館顏惠慶代表入會另派會員擬七月初赴美希飭遵由

南洋大臣電

漁業公司推舉美館顏參贊代表入會事已電駐美伍大臣飭遵由

又一件 潛十五

東三省運貨新章仍請酌改並請將運送進口免税貨物規定辦理由

貿易

農工商部文

咨領駐和錢大臣訪購農具等事支餘存款由 附印領

要 瑞倭使照會

照奉中瑞條約奉 旨派朕 簽押等已閱悉由 洋文

酌 税務大臣文 潛十六

咨復德國停泊長江之兵船所用平常軍火概准進口事現擬各辦法想務參贊不難依允希轉商並見復由

要 又一件

十二日

要 遞正摺一件 開埠類

具奏議復察哈爾都統請自闢商埠應暫從緩辦由

要 又正摺一件 訂約類

具奏瑞典通商條約運 旨畫押事竣由

農工商部文

比使照送萬國賽會英文章程咨送查照并將如何派員入會之處聲復由 附章程四冊

比 德代使照會

比京賽會英文章程已咨送農工商部由

葡國駐澳總督現奉本國頒行新章各項軍火嗣後一概不准進出澳門並抄錄札諭請查照由 附抄件

要 津海關道申文 免稅類

申復美國運來營用軍火已繕護照函送並致新鈔兩關驗放由

東督 奉撫 文

查明郡王烏泰私借洋債數目酌擬歸還辦法望見復由

初六日

要 稅務處文 免稅

會奏鐵路免稅略示限制一摺錄 奏并 旨知照由

駐義黃大臣文

要 駐美伍大臣電

商部派潘斯熾等往美考察商務本月初十乘賽祕利亞船赴美希轉飭照料登岸由

十三日

禁烟公所文

本部堂司各官暨繙譯處儲才館各員照章填表并清冊送查由 附表冊

陸軍部片

直督二十九年報銷冊內碰傷德船賠修一款本部查無此項案據由

酌

民政部 度支部 文 稽罰類

准農工商部咨傳聞偽造鈔票事應嚴密稽查由

遵查使館人員並無嗜好至義國境内并無華僑由

又一件

收到經費一萬兩由

駐美伍大臣信

前撥經費内似無科士達俸薪祈下季補撥由

要 署總稅司裴式楷信

函送代譯農業會條規三本請由英文再譯漢由
附條規三本譯件一分

新疆撫文

具奏進呈田部貢金一摺抄稿咨呈由 附奏

度支部片

出使日本考察憲政大臣歸裝應查照前咨分別給發由

度支部、會議政務處、農工商部、理藩部、察哈爾都統 文

本部會奏議復察哈爾都統請自關商華應從緩辦一摺錄旨并刷奏知照由

江海關道電

三井洋行運軍火事希速電復以憑轉復日使由

十四日

江督、豫撫電

奉旨端方林紹年電奏悉銷豫淮鹽此次江著准其緩加度支部知道欽此由

初七日

閩浙總督文

籌解閩省第七期新案賠款由

又一件

籌解七十九期備還賠款由

要 稅務處文

英商怡和洋行在津擅運藥引一案應照通商進口稅則斷令充公
希轉英使並見復由

庫倫辦事大臣文

咨報三月二十九日至四月二十九日一月並無俄人呈交憑票由

十五日

度支部片

抄送江督等來電暨奉電旨由 粘抄

十六日

滬道電

租界事由

酌 美柔使照會

減收賠款寔為欣感當擇極妥辦理由

酌 又信一件

廣西巡撫文
咨送報單由 附單二十四 摺一

署山東巡撫文
滙解本年八月限新案賠款由

陝甘總督文
江漢關借撥嘉峪關三十四年分經費銀兩由

又一件
撥解本年第五期賠款由

電政局呈

因減賠款派遣學生赴美游學事茲將大概辦
法先達希轉達政府由

、駐美伍大臣電
美減賠款已與柔使來往照會並函述派遣學生
赴美辦法由

稅務處文 稅則單照
郵傳部
美使照請飭滬關稅司於洋貨進口發給免重
征單希轉飭照發速復由

十七日

江督 度支部文 蘇撫 稅則單照
英使照請飭滬關稅司於洋貨進口發給免
重征單希轉飭照發速復由

酌 農工商部文

呈送本年三月分一等官報半價清册由 附册

駐德孫大臣文

收到經費由

度支部文

滙豐克薩等項洋款各省關歷年欠解甚鉅已電催並 咨補
解請查照由

初八日

日本阿部代使照會 潛三十四

三井洋行由博愛汽船載有軍火定貨樣本到滬懇由陸軍部
電允輸運由 附單一件 又譯件

步軍統領衙門片

農業會經費本部無款可賠希再撥發義銀
併滙轉交由

陸軍部文

日本三井行運軍火作樣進滬事現在如何核
辦即聲復由

十八日

日本阿部代使照會

准農工商部洛復商標章程俟全稿告成即
行送核等語希查照由

又一件

請允禁運莫啡稿及葯針事又逾一月未准照
復請速復由

度支部文

請領本年五月分看守鉄路電綫官兵口分銀兩由

駐美伍大臣致參丞信

遵旨札行各處勸設戒煙會並向美政府切商禁止及限制
入出辦法由

駐美伍大臣文

美墨秘古各館並無沾染嗜好之員各埠華民已剴切勸諭
並勸設戒煙會由

要

又致參丞信

美國減收賠款事　附譯件

張家口監督呈

呈送英商隆茂等所呈報單由　附色封

英國會查禁烟一事所有稽察種植鶯粟已否查明
及比較禁煙辦法即聲復由

要

駐美伍大臣文　退還賠款類

美國減收賠款事抄錄文函咨行由

十九日

北洋大臣電　貨税

英商太古羊毛業與陝撫商辦情形如何速
復由

税務處文　税則單照

洛税務處怡和洋行在津販運葯引一案據英使稱葯
引非軍裝無須領照請速定章程等語希查照由

崇文門税務衙門文　貨税

日本阿部代使照會

懇將改訂商標章程草稿三分文與以便於實施之前呈送
政府查閱由 附譯件

初九日

駐英李大臣文

梹榔嶼副領事戴春榮申稱各員均無沾染洋煙情事並會
商本埠紳商勸辦戒煙由

鄂湖廣督文 內港行船

咨復宜昌至重慶開行拖輪一事抄錄前咨查核由
粘鈔

又一件

江漢關委解本年西歷三月分增收稅銀赴滬由

咨崇文門德使函稱德商瑞生行運供電機等項應按
值百抽三收稅請查復由

天津道函

函復天津道願學堂光緒三十三四年經費已代收
轉交由

洋藥

美柔使文

照復美柔使所派美員查考禁烟辦法已咨禁烟
大臣由

要 禁烟大臣文

洋藥

咨禁烟大臣美國會查禁烟一事應行研究考各
端請分別查明辦理由

二十日

要 領袖和希使信

禁令類

要 比德使照會、博覽會類

照送萬國賽會英文總章規則由

附英文章程五冊又附洋文

初九日

要 税務大臣文 貨税類

咨送滬甯鐵路改辦減成抽厘條款六則希轉達英使再查洋貨進口等税應隨後作為專案辦理希一併達知英使由

郵傳部文

議覆察哈爾都統奏請自開商埠應暫從緩辦一摺本部尚書陳並無註寫由

理藩部片

會奏議員察哈爾都統請自開商埠應暫從緩辦一摺本部左侍郎銜下註未到任由

亞洛洋行拍賣單內有搶彈恐落匪手請速飭提出不准發賣由

浙江巡撫電

奉 旨浙駮電奏請借運蘆鹽免完厘税著照所請由

度支部片

抄送浙江巡撫來電並電 旨由

二十一日

要 日本阿部代使照會

三井洋行運軍火作樣事准陸軍部咨復分別剔減起運由

山東巡撫電

初十日

農工商部片

會奏議復察哈爾都統自開商埠一摺前送

堂銜均無註寫由

北洋大臣文　貿稅　要

津海關查復邢台縣抽收大油捐一事茲據該縣所

辦牙捐與煤油捐係屬兩事請酌核由附清摺

駐俄薩大臣文

收到本年夏季經費由

本部主事王履咸呈

先請給咨送驗戒煙俾得早日回南修墓由

奉

旨袁樹勛電奏悉鹽斤加價著照所請餘應會同河南安徽巡撫議奏由

要　正摺一件　遞還賠款類

具奏英國減收賠款業已議定謹擬答謝辦法由

日阿代使照會　貿易

照復南滿貿應用海關稅章不能比照陸路專章辦

理查照由

二十二日

度支部片

東清鉄路公司應繳銀五百萬兩迭催該公司將

札文暨各復稟抄送由

又一件

抄送署山東巡撫來電並電　旨由

駐美伍大臣電
減收賠款事奉
旨派唐紹儀往美致謝由

二十三日

美桑使照會
遣使致謝減收賠款録
旨知照由

英朱使照會

法巴使照會
桂撫欲保全梧州河道另定章程希飭領事與
地方官妥籌商辦並見復由

廣西巡撫文

吏部片
會奏議復察哈爾都統請自開商埠一摺本部尚書
銜下無註寫由

美桑、和桸、英朱使照會　[illegible]
通商口岸界內抽厘一事請斟酌擬辦早日見復由
附洋文

農工商部文
據駐坡總領事等電稱傳聞德人偽造鈔票往
華行用乞查照辦理由

民政部片
會奏議復察哈爾都統請自開商埠一摺本部
正堂銜下無註寫由

要　度支部文

咨照在京各衙門嗣後經收各省解到經費等項
銀兩務於三日內知照本部以憑稽核由

又一件
咨照蕪湖関兩次在洋葯税厘内提解本年浦
工經費銀兩由

又一件
浙撫奏銷杭州関第一百七十三至一百七十六結征
收華洋各税數目一摺錄 批咨呈由

又一件
察政大臣歸裝如何支給速復以憑核辦由

陸軍部片
直隸督三十九年報銷冊有碰傷德船賠
防一款查明有無案摘由

議贖梧州河灘水 任一事現已照會英法兩使應
抄原文咨達希飭地方官與各領妥商由

二十四日

農工商部文
准駐英李大臣咨倫敦賽會場事應否舉行希
逕復該大臣並知照本部由

禁煙大臣文
補送照填原表另造王履咸等三員清冊并各員
切結由 附表冊結八十三張

二十五日

比德代使照會
厰斯但德海口設自鳴鐘一座所有告示已分咨
北南洋大臣由

又一件
會奏議復察哈爾都統請自開商埠一摺
本部尚書銜下無註寫由

又一件
接待美艦銀兩已交麥道承領抄錄來
往電底 知照由

法部片
會奏議復察哈爾都統請自開商埠一摺本部
尚書銜下註假由

要 江督致本農工商部電
漁業賽會另派會員請轉伍大臣 知照顏參贊
以便接洽並盼示復餘俟另洛由

陸軍部片

、南北洋大臣文
比國在廠斯但德海口設自鳴鐘一座德代使照送
通行告示希查照辦理由 附洋文告示仟張

要 津海關道電 免稅顯
美使函稱本館衛隊有開花礮彈由秦王島運
京希查驗放行由

陝西巡撫電 貨戳
羊毛業曾否派員赴津速復由

二十七日

東三省總督 文 土貨轆出
奉天巡撫
日本阿部代使請飭將延吉廳所出禁未告示撤
銷轉飭查明速復由

會奏議復察哈爾都統請自開商埠一摺本部
尚書銜下無註寫由

又一件

直督二十九年報銷內有碰傷德船賠修一款本部
無此案據望查明片復以憑辦理由

本部郎中聯昌呈

因病請假事

十一日

要 駐英李大臣信　禁烟類

咨送倫敦戒煙會決議文件由
附英外部及倫敦戒煙會來函華洋文各二件又戒
烟會決議文　件附譯文另一紙

廣西巡撫文

要 德館復繙譯節畧　內地商務類

中國度量衡用邁當為本位一事一時斷難照畧

美參使函

美館衛隊由秦王島運京軍火已飭津關放行由

理藩部文

札薩克圖郡王借債各案茲抄送東三省總督
原咨並咨函清單希核辦由　附抄件

、日本阿部代使照會

照復北滿稅關先設愛琿齊齊哈爾從緩松花江
下游俟咨查再定議由

二十九日

梧州關滙觧第一百九十結出使經費由

又一件

咨送本年二月分各稅卡驗放過報單由 附報單一百三十五張

又一件

咨送本年三月分各稅卡驗放過報單由 附報單一百五十九張

又一件

梧州關滙觧第一百九十結增收洋稅及提存火耗銀兩由

海參崴商務委員稟

所收鹽照費係華商自辦假道崴埠運吉與外人購買華鹽運銷外國者不同請核辦由

農工商部文

咨農工商部義使照詢農業會一事應由貴部直接商辦希查復由

農工商部文

咨農工商部義使照稱三瑪理諾合衆國農業會貴國是否許可等語請酌復由

度支部文

咨度支部華俄銀行收到俄法借款撥付第二十六次息第十三期票本俄館譯清單請煩查照由

各部、南北洋大臣、各省督撫文

具奏美國減收賠款請遣使致謝一摺錄旨刷奏知照由

内閣會議政務處片
會奏議復察哈爾自開商埠一摺大學士孫
協大學士榮銜下無註寫由

要學部信
華俄銀行息銀向係五月結算請代查並屬
以後仍照定期辦理由

酌東三省總督
黑龍江巡撫文
禁令類
復江省華人以放荒地照所質事

十二日
赴美考察商務潘斯
熾致梁大人電一件
初十日起行乞電伍欽使免致上岸窒碍由

南洋大臣文

江海關道遵撥駐法劉大臣經費及駐和錢大臣經費由

又一件

七十九期和約償款解滬兑收由

又一件

江海關道遵撥駐和錢大臣電費銀兩由

要 督辦津浦鉄路大臣呂文 免稅類

附奏鋼軌等項照案免稅一片抄錄知照由 粘抄

度支部文

英使請停鑄毛銀事已咨商粵督迅覆由

十三日

英朱使照會　貨税

滬甯鐵路征厘一事希速飭滬關發給免單
免致索價由

委辦滬甯鐵路事宜鍾道申文

遵奉劄飭派充各國會查鴉片會議專員由

要　農工商部文

撥發農業會款銀兩由　附洋文票一紙

浙江巡撫文

匯解甌海關百九十結應提出使經費由

又一件

附奏浙海關報解俄法洋款一片抄片咨呈由 粘抄

浙江巡撫文

匯解浙東貨厘抵還英德金款由

又一件

咨呈關稅短絀情形請准緩解出使經費由

督理稅務處片　貨稅

鉄路免稅事請派員會同詳細查明以便辦

理覆奏由

郵傳部梁局長致鄔大人信 吳　免稅

滬甯減厘事現在條約並未議妥請暫緩照會英朱使由

甯督
豫撫電

鹽斤加價事豫省暫緩辦理由

十四日

奉電旨一道

奉旨端方林紹年電奏悉銷豫淮鹽照江南所請加價二文著准其緩加度支部知道欽此

駐和錢大臣文

請將代繳農工商部一千八十兩一款在應領項下無論何項扣還由

又一件

參贊施紹常兩領川資請以此件公牘作為報銷由

要 東三省總督 實業類

黑龍江巡撫 文

具奏擬辦愛琿墾務大概情形一摺錄 批刷奏咨照由

粘件

十五日

要 美桑使照會 退還賠款類

退還賠款並扣還他款盈餘事復奉外部訓條詢問何時交

還款項如何辦法請早照復由 附洋文

兩江總督文

蘇州關道詳稱應解出使經費擬從一百九十一結起如數

提解咨請核辦見復由

又一件

江甯藩庫與甯厘局應籌本年五月期英德還款並加

撥鎊價銀兩已滙解到滬請查照由

要 償借類

又一件

江海關道詳稱第一百四十二次至第一百四十三次應還英德金鎊借款業已解付請查照由

又一件

江甯藩庫應解三十四年五月分第七年第六期和約償款已滙解到滬請查照由

貴州巡撫文

本年七十七批至七十九批賠款銀兩交甯滙滬由

天津道致丞參信

應解三十三四兩年學堂經費如數寄上請轉交由

滬道電

申復博愛船並日商泰平公司運來槍砲彈粒已運甯鄂尚有兩項須奉准可辦結由

、又一件

滬工部局擬推廣租界事

粵督文

三水九龍等関欠解使費銀兩難以添撥請仍就粵潮
兩関提解由

農工商部文

咨復收到黃大臣賽會奬憑由

又一件

咨復日本阿部代使所需商標章程條全稿告成即行呈送
希核復該使由

農工商部文

和屬華僑因無路照受不平之待遇可否准給部照希
核復由

十六日

英朱使照會　貿易

英商怡和在津販運葯引經海關道訓充公一案葯引原非軍裝無須特領專照由　附洋文

美柔使照會　禁烟類

商酌禁煙辦法請轉知禁烟大臣由

南洋大臣文

川省墊發滇餉銀兩金陵關撥交商號滙解歸還由

又一件

金陵關應解本年第六次賠款銀兩交商滙滬由

又一件

江海關撥解商約大臣經費銀兩由

又一件

金陵關經征第一百九十結罰款銀兩係有成數再為咨解由

署山東巡撫文

附奏上年應還英德俄法借款依限解清片抄稿咨呈由 粘抄

護理江西巡撫文

附奏三十四年第八期償款銀兩交商匯滬由

附抄片

德雷使信

德商瑞生洋行所運電燈機器材料等項崇文門誤為大宗請轉諭該衙門仍按值百抽三納稅由

十七日

駐英李大臣信

修葺使館添購傢具計須四萬金可否將頒支經費預借四萬分十年攤還由

要 廣西巡撫文

查明各國洋商在梧州沿岸租置水位及契價銀留 附抄摺

要 江蘇巡撫文

咨送江海關一百八十五結起至一百八十八結止收支華洋稅項清冊由 附冊二

駐和錢大臣文

收到經費日期由

又一件

館員絕無嗜好並函諭僑商以冀戒絕由

陝甘總督文

咨送洋商買貨報單由　附單十三

又一件

仝上由　附單三

又一件

仝上由　附單六

又一件

仝上由　附單一

又一件
仝上由　附單二
保和會專使陸大臣文
川裝並丙午銷冊墊款銀兩已於十月內收到咨復由
又一件
咨報支發使臣參贊川裝銀兩由　附收據三
又一件
咨報五月至九月電費銀數由　附電局賬單四
又一件
收到經費日期由

禁煙大臣文

禁烟冊與章程不符請查照表式填註並速送各員

保結由

保和會專使陸大臣文

咨報十月分俸薪公費銀數由

又一件

咨報十一、十二兩月俸薪公費銀數由　附收據

又一件

咨報繳還銀數由

英米使信　[illegible]

英商太古行羊毛被陝省厘局扣留一案久未斷結

請電陝省按照津海關道所斷速賠被扣充公貨價由

保和會專使陸大臣文

本年正二月支款請核銷由　收據二

滬道電

推廣租界等情事

酌

前駐美紐約正領事

夏偕復呈一

紐約領署租事因新任領事何永紹毀約被控請

電飭何領事速將此事料理清楚由

十八日

酌

稅務處文　貨稅類

南滿出入貨物應照海關新則征稅不能比照陸路

專章辦理請酌復日本使由

江蘇巡撫文

江海關滙解儲才館經費希先收示復由

又一件

江海關滙解三十四年分義塾粥廠經費由

又一件

鎮江關委解第一百八十九結三成船鈔罰款銀兩赴稅務處由

又一件

鎮江關交解第一百八十九結招商局五成二厘輪船稅銀兩赴度支部交納由

又一件

松滬厘局呈稱一百十九次厘金銀兩交送稅司由

又一件
鎮江關交解第一百八十九結加放俸餉四成銀兩由

駐俄薩大臣電
奉二十七日電已照外部伊穉侯達阿使後再復容再瀝催由

江海關道
日人所運槍彈等件與新章不符已稟南洋電商陸軍部示遵由

十九日

湖南巡撫文
長沙關籌撥稅款銀兩滙解川省歸入滇餉墊款由

江西巡撫文

藩司籌解三十四年鐵路經費撥送滙豐鎊款息銀由

理藩部片文

鈔呈庫倫大臣來電如何電復希見復由

禁煙大臣文

請補送表式切結由

要

陸軍部片文　禁令類

日商太平公司運甯軍械一案除電復江督仍應照章分別式樣剔減起運並知照稅務處外請查照辦理由

滬道電

度支部電提洋款銀兩實屬無以資墊並請另簡賢員由

浙江巡撫致軍機處電

浙西松甯春雨過多滷淡產少經電商直督允借長芦塩斤接照兩淮成案免厘乞代 奏由

度支部文

桂撫奏鎮南關一百八十六七兩結征收税銀及支銷數目各摺録 批知照由

又一件

贛撫奏九江關一百八十九結洋葯税厘收支數目各摺録 批知照由

又一件

浙撫奏甌海關一百九十結征收洋葯厘金支銷數目各摺録 批知照由

二十日

奉電　旨一道

馮汝騤電奏懇所請借運蘆格免完厘稅各節著照

所請度支部知道欽此

要

東三省總督

黑龍江巡撫　文

附奏鉄路兩旁荒務清理完竣圖冊前後用款可否作正

開銷請　旨飭部核辦等因一片錄　旨抄奏咨呈由　抄奏

要

湖南巡撫文　免稅類

咨呈長沙關刷印官物免稅專照式樣請查照由

附照一

要

稅務大臣文　土貨輸出

滿洲所產小麥及其他穀類由南滿海道輸出一事應仍

由該督撫體察酌辦由

要

度支部文

咨照閩省船廠洋教習等月給醫葯費銀兩歸

入製船經費項下報銷由

東撫致軍機處電

鹽斤加價已接部電東省財政困難請於部加之外

再加二文並酌減豫皖路捐統乞代 奏由

要

法部文 禁烟類

議覆江蘇撫奏販賣嗎啡等治罪專條一摺錄

旨知照由 附原奏

二十一日

奉電 旨一道

袁樹勛電奏悉鹽斤加價著照所請餘應會同河

南安徽巡撫議奏等因欽此

要

駐英李大臣文

倫敦賽會公司有會場一所欲召租借開具圖說呈候

核辦由 附圖說譯件

要

要　貨税類

税務大臣文
滬甯鐵路征釐事已飭暫照海關向章發給俟章程擬定再復外請先轉照由

、又一件
齊齊哈爾等處設關俟東督復到再議酌達日使又璦琿兩處征税辦法應否先與俄使提議望核復由　附件

海參崴委員詳文
請支本年第十二屆上半屆經費銀兩乞批示由　附副詳

江海關道呈文
滙寄駐義黃大臣川裝經費銀兩由

又信
開呈六月中旬鎊價表由　附表一紙

禁烟大臣文
本所房宇有限擬分期調驗送驗各員聽候咨調由

六月二十二日

酌

廷寄　翔二十八

派唐大臣考查財政由

旨一

陳夔龍電奏患湖北霪潦為災著該督趕放急賑等因欽此

要

軍機處交片

徐世昌唐紹儀奏扎薩克圖郡王烏泰私借俄債並籌議辦法由

湖廣總督文

西歷四月分增收稅銀飭委解滬由

又文

撥解本年東北邊防經費銀兩由

又文

委解本年京餉銀兩由

兩廣總督文

具奏粵海各關一百六十五至六十八結稅款數目

一摺抄稿咨呈由　粘抄

要

又文　稅務

何華地派署九龍關副稅務司由

江蘇巡撫文

滬解本年京師義塾粥廠經費由

又文

撥解本年税務處經費由

又文

鎮江關一百八十九結應提出使經費解滬

兑收由

駐藏辦大臣文

咨呈亞東關一百八十九結出入貨價清冊由

附單一冊一

要

東三省總督

黑龍江巡撫文

禁令類

俄國埋設燈桿已經遷移由

江海關道信

開呈六月上旬各國電滙幣價由 附表

、日本河部代使照會 灊五十七

土貨輸出

請弛豆滿江穀禁由

比館德代辦信 灊五十二

本國在甌斯但德海口設有自鳴鐘一座茲將通

行告示送請查照由 附照三十五張

要

和希使信〻

亞洛洋行係屬奧商由

北洋大臣電 貨殖

英商羊毛案

度支部文

湘撫奏長沙關一百八十九結收支稅銀一摺

錄　批知照由　粘單

又文

東督奏一百九十結洋稅收支數目一摺

錄　批知照由

二十三日

農工商部文

奧國布拉克埠萬國商會國會應俟各處

復到再由本部酌核辦理由

駐和陸大臣電

請發參隨王廣圻等川裝由

、滬道電
各領要挾推廣租界已遵照會寧帥由

要 德館夏禮輔節畧 內地商務類 潛 五十八
中國提議改良度量衡事

二十四日

要 税務大臣文 貨税類
劄飭哈爾濱關税務司從速開徵請備案由

、理藩部片 潛 五十六
札薩克圖郡王烏泰私借債款各節本部並
無案據請東督從前咨行該郡王借款錄送由

廣西巡撫文

咨送本年四月分各卡驗換報單由　單一百七十八張

度支部文

各省土藥各數俟調查齊備再送核由

義文使照會　潛　六十二

三瑪理諾合衆國列入萬國農業會中國是否許可請示知由　附洋文

美柔使信　潛　五十九

衛隊所用軍火由秦王島運京請轉屬海關放行由　附洋文

要文照會　退還賠款類

退還中國賠款一事茲據外部複電稱聞貴國允辦此事不勝歡欣並遣派學生赴美尤願襄助由　附洋文

要 奧師護使信　禁令類

亞洛洋行拍賣槍枝子彈已飭提出不准發賣由

二十五日

義文使照會　滌　六十一

萬國農業會已經開辦應與何等衙門直接
函商請速復由　附洋文

駐法劉大臣文

學生文惠銷差回京照撥川裝請查照由

要 駐俄薩大臣文　滌　六十三　償借類

俄法借款撥付第二十六次息銀第十三期票本譯送
清單咨請查核由　附清單

閩浙總督文

閩海關應解三十四年三月分加放俸餉銀兩交商滙滬由

要

度支部文　租界類

煙台設立公會東海關道擬借款修建馬路營房市房衙署等項於房租項下分年歸還應准所請由

又文

豫撫奏籌解濬浦經費銀兩發商滙滬錄　批知照由

又文

贛撫奏籌解黃浦經費銀兩發商滙滬錄　批知照由

又文

津海關應解本年浦工半費銀兩交商滙滬由

駐德孫大臣電
請撥秋季經費由

要
美柔使照會
奉到鈔送 上諭派唐大臣赴美致謝深願歡迎接待由

二十六日
兩廣總督文
滙解本年第三批加放俸餉等銀兩由

四川總督文
籌解本年七八九月邊防經費加復俸餉銀兩交商滙滬由

又文

籌辦本年七月份新案賠款銀兩交商滙滬由

酌

駐日李大臣信

設渡事錄呈林大臣復照由　附抄

二十七日

滬道文

奉撥比館經費由

又文

奉撥俄館經費由

甘督文
第六期賠款銀兩撥滬由

英朱使照會　税則單照
英商偉德請領聯單事請轉飭潯道嗣後不得梗
阻英商請此項聯單由　洋文

浙撫文
撥解本年春季分甌常二成正税銀兩由

又文
附奏報解卅三年十二月至卅四年三月浙東厘金抄
片咨呈由　粘抄

具奏第七十八次新約賠款滙滬抄奏咨呈由　粘抄

吏部知照

奉天巡撫唐派充專使赴美致謝抄錄　上諭知照由

浙撫文

咨送甌關一百八十五至一百八十八結薪屋經冊由　附冊

要

奉撫函

函送唐領事恩桐日人調查韓國財產報告由　附抄摺

美柔使函

上海禁煙會事請將預查一切辦法示悉由　洋文

要　英朱使照會　禁烟類

照復香港定例局頒發禁止港膏運入華境及法屬
等處之命令已經港督允准由　附洋文命令條款各一件

二十八日

禁煙大臣文　羽七

陳明斷戒人員以一個月為限由

酌　兩江總督信

英艦駛入鄱湖事已抄錄寄示駛阻函底分致贛
撫潯道由　禁烟類

二司分收

要　駐英李大臣致參丞信　羽二十四

坎拿大華童免稅俟照會後覆文如何再陳又
譯呈倫敦大主教禁煙演說由　附譯件

駐美伍大臣文　使九百四十二

收到本年夏季經費暨兩帷洋員科士達俸薪
未有在內請於秋季補發由

浙江巡撫文

具奏籌解本年四月分第七十七次新約賠款
銀兩滙滬一摺　錄批咨呈由

陝甘總督文

咨送報單由　　附報單四張

又文

咨送報單由　　附報單二張

又

咨送報單由　　附報單四張

又文
仝上由　附報單二張

又文
仝上由　附報單二張

又文
仝上由　附報單十張

又文
仝上由　附報單十七張

又文

仝上由　附报單六張

又文
仝上由　附报單三張

又文
仝上由　附报單四張

又文
仝上由　附报單四張

要　兩廣總督　税務
税務大臣咨開補署税務司並郵政司各缺由

、農工商部文　羽十二
再撥發義國農業會會費由

二十九日

要

稅務大臣文　貨稅類
翠華製革公司請按值百抽五既准江督查明
應照准由

江漢關道文　羽五
呈解第百八十九九十兩結小火輪船牌費銀雨

東三省總督
奉天巡撫文　羽四
因查解枇末蒙批迴請查明由

熱河都統文
咨送聯單由　單一紙

護理江西撫文
附奏江西籌解新案賠款光緒三十四年第八期銀兩滙滬一片抄稿咨呈由　附抄

試署駐和參贊王廣圻呈　使九百四十六
約文譯竣應否即赴和屬遊歷請示遵再旅費請酌核電由滬道撥給由

酌
駐韓馬總領事文
酌議釜山元山租界各節請裁酌由　附租界章程四冊

酌
又文

商辦釜山等處租界各事宜由

實業類

酌 又文

開呈中國漁戶在韓國漁業詳細各節由

和布使信

現需船鈔章程華洋輪船駛赴中國內港章程請飭發給由

秋季

丞參堂

編輯處總校 阮 閱 月

文 閱 月

榷算司

孫昌烜

奎佑同呈

關慶麟

光緒三十四年分榷算司全年檔案

秋季

第三册

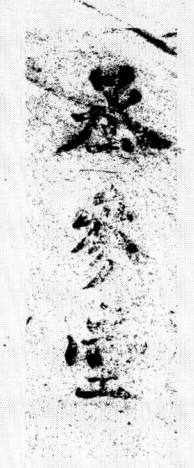

今將光緒三十四年分榷算司全年檔案分為四冊選擇要件呈請
鑒核

編輯處課員孫昌烜
吳葆諴
吉紳仝訂
奎佑
關慶麟

收項

七月初一日

宣化縣申呈
申送收回英商等原領津海關報單由

度支部文

發項

七月初一日

駐義錢大臣電
黃大臣江電請撥農業會款滙票已咨稟由

稅務處文　稅則單照

直督奏東海關第一百九十結洋稅收支銀數一摺
錄 批抄單咨呈由

又一件

滇督奏蒙自關第一百九十結征收稅銀照章提撥支觧
各款一摺錄 批抄單咨呈由

又一件

江督奏塩斤加價請再加收二文劃歸江南濟用一摺
錄 旨抄電咨呈由

閩浙總督文

附奏閩省籌解第七年第六期新定償款一片抄
稿咨呈由 粘片稿

安徽巡撫文

洋商冒名印契應如何設法預防乞核復由

酌

稅務處文

郵政類

英朱使照稱英商採辦茶叶潯閩不發聯單
不得梗阻請查照核辦由

駐德孫大臣電

書價已交德華銀行滙寄收到乞覆由

初二日

稅務處 民政部 南北洋大臣 禁烟大臣 兩廣總督 文 洋藥

香港烟膏彼此不得出入境一事現英使照
稱港督已允並送來命令條款由

英朱使照會 洋藥

禁止烟膏由港入華境一事港督已經允准

東三省總督

良級睦誼由

初三日

奉天巡撫 文

發回前觧安東關大東溝三成船鈔等項銀
兩觧批由

咨送大清通郵彙編初續由

要

崇文門稅務衙門文

瑞生洋行事自可通融嗣後須按向章不得援以為例

請轉照德使由

滬道電

呈驗各國幣價由

初二日

稅務大臣文

英商怡和行運葯引被關扣留會訊一案已咨直督

轉飭妥籌希酌覆英使由

度支部文

滇督奏思茅關第一百九十結征收稅銀及提存支解

各款一摺錄　批知照由

江漢關劄

收到江漢關第一百八十九至一百九十結船牌費

三分之一銀兩由

初四日

要

德雷使信

德商瑞生行運供北京電燈公司電機事崇文門

復稱自可通融惟嗣後不可援案由

初五日

英朱使照會

怡和擅運藥引案准稅務處咨復已咨直督

飭催速定章程希查照由

禁煙大臣文

王履咸阿克敦二員應否調驗咨請查核辦理由

滬道信
開送六月下旬鎊價由
東督電　土貨輸出
東省邊地亢旱禁止運米出口日使赴鈞部
饒舌請極力駁拒
滬道電
西七月賠款續購鎊價由
奧師護使信
聞度支部陳部郎赴歐美調查紙幣等事請
轉度支部亦令赴敝國各廠調查由
初三日
南洋大臣信

要
日本阿部代使照會　禁令類
延吉廳禁米出境實因荒歉與善後章程相
合希查照由
度支部文
奧使函請派陳部郎錦濤亦赴奧國考查紙
幣等項請查復由
初七日
駐義錢大臣文
撥匯農業會經費並銀二萬四千呂耳布查收
咨復由
農工商部文
應滙農業會款並銀二萬四千呂耳業已先
後收到當即咨寄由
初八日

密件　洋商租地事
稅務處文
和屬蘇島擬開賽會一事和使催文希查照見
復以憑轉復由
北洋大臣文
繕給英國粮台馬夫赴大城買馬護照由
酌
義文(使)照會　博覽會類
三瑪理諾合衆國農業會將該國列入五等
中國自可照准由
步軍統領衙門文
派員赴領官兵六月分口分銀兩由
又一件
萬國農業會應由農工商部直接商辦由
安徽巡撫文
咨呈蕪湖關一百九十結洋藥釐收支清冊由
初九日
又一件
咨呈蕪湖關一百九十結洋稅收支清冊由
酌
南洋大臣信　租界類
洋商在租界外置産事皖撫來咨自應從
緩提議由
鄂督致軍機處電
和布使函

灾賑無款懇准添收七項常捐及懇
發節等乞至成由
又一件
鄂省被災情形甚重懇添收七項常捐如蒙
發歸出自 慈施等語乞代奏由
初四日
兩江總督文
第八十期和約賠款銀兩交商解滬由
又一件
咨報第一百二十四兩期歸還續借英使四厘五金
款由
南洋大臣文
出使經費仍就粵潮兩關照舊提撥以免竭
蹷由

要 函復和希使送船鈔章程暨內港行輪章程
各六十分希查收由
初十日
稅務處文
德使請准免收使署調換兵隊攜帶軍用等
物之稅查照辦理速覆由
稅則單照
南洋大臣
江西巡撫 電
九江關不發英日商人購茶聯單事希轉飭妥
籌結束由
十一日
農工商部文
轉送義國密拉諾賽會獎牌由
湖廣總督
湖南巡撫 電

又一件
解還墊發出使各員銀兩由

江海關道呈文
同上由

山西巡撫文
咨送三聯報單由

和希使信
蘇門答臘賽會業照會貴部轉咨稅務處
究應如何辦理所轉催該處從速照復由

初五日

要
稅務處文　稅則單照類

美使照稱長沙人民不准美孚行建火油池
機如何情形希查復由

十二日

要
東三省總督
奉天巡撫文　禁令類
咨復東督奉撫蒙古等處洋商不得私借銀兩已
經照會各國轉飭一體遵照由

度支部文
片復度支部福州局廠及調查土葯委員所發
電費半價准由使費項下支給由

江海關道劉
劉江海關道福州局廠及調查土葯委員所發電費
半價已准其由使費項下支給即遵照辦理由

十三日

江
鄂督湘撫電

晉商與英商請領聯單採辦茶叶事同一律應併同辦
辦理茲將與贛撫來往電文抄呈查核由

歸和司

華俄道勝銀行稟

去年銀行虧累中國股本銀五百萬兩所得利銀
應請免提以補虧款由

閩督文

具奏第七年第五期新定償款發商匯滬一片
抄稿咨呈由

湖南巡撫文

咨送長沙關碼頭捐清冊由

附清单一本

又一件

咨報長沙關百八十九結加存平餘銀兩由

又一件

長沙關百八十九結罰款銀兩收数無多俟彙
案滙解由

奉

旨端方陳夔龍岑春蓂會同電奏悉所請將已
購之銅開鑄銅元著度支部速議具奏等因欽此

東三省總督電 代理藩部

烏泰奏案事

十四日

美柔使照會

美政派柏蘭德充會議鴉片人員已轉飭知悉由

禁烟公所文

轉送駐英李大臣原寄倫敦大主教演說中國戒
煙譯件由 附譯件

和布使信

請免收赴蘇島梅冊地方賽會物品出口税已由税
務處轉飭辦理由

又一件

咨報長沙關百八十九結火耗銀兩由

又一件

長沙關百八十九結船鈔銀兩收數無多俟彙案
匯解由

又一件

咨報長沙關百八十九結值百足抽五稅提存數目由

日本阿部代使照會

南滿海路貿易仍請照北滿陸路章程同樣辦理由

湖廣總督文

江漢關籌解本年第三批餉需銀兩請查照由

農工商部文

具奏爪哇渤良安商務總會援案請給關防一
摺錄　旨抄奏咨照由　附抄件

度支部文

轉送駐英李大臣原寄全球產金總數清冊由　附清冊

又片一件　堂標

抄送江督等請開鑄銅元收發電報由　粘抄

十五日

比德使照會

萬國賽會續寄英文總章已轉送農工商部由

農工商部文

轉送比使續送萬國賽會英文總章由　附英文總章二十冊

要　又一件

又一件

義國萬國農業商會應由農工商部直接商辦
請查照轉覆義使由

要 又一件 博覽會類

三碼理諾國既經義國農業會將該國列入五等
中國自應照准請查照核覆義使由

要 又一件 博覽會類

倫敦賽會公司會場中國現不租用已咨李
大臣轉復請查照由

初六日

酌 湖廣督信 租界類

漢口德租界事 圖一清摺三扣

又文一件

咨送萬國農業會條規漢文由 附抄件

奧師護使信

請派陳錦濤赴奧考查紙幣事度支部
咨復如經歐洲即往調查由

要 美梁使照會 禁令類

會議禁烟事開會地方及時期均先照辦預查
辦法與中國奏定章程大略相同由

禁烟大臣文

本部前送表冊堂司各官均係切實填寫
並無更正由

使美伍大臣文

准南洋大臣咨送研究漁業會各事暨會
員履歷清摺咨行查照由 附摺二件

十六日

奏解本年第二批籌備餉需銀兩由

要 兩廣督文 圜法類

廣東鑄造毫銀英使請俟平價後續鑄事
碍難照辦由

兩江督文

江海關撥匯駐義黃大臣經費由

度支部文

滇督騰越關第一百九十結征收稅銀及提支各
款摺單錄 批知照由

又一件

滇督奏蒙自關第一百八十五結至一百八十八
結征收提支各款摺單錄 批知照由

初七日

東督
奉撫 電

籌借公債議借洋款二者相較熟權輕重詳為電復由

十七日

農工商部文

馬加國京都有萬國考究牛奶國會應否與
會酌核聲復由

十九日

要 庫倫辦事大臣文 禁令類

函復庫倫辦事大臣蒙古不准私借洋款係為
烏泰案而起俄領照詢兩端希斟酌答復由

義文使文

照復義文使前准照送萬國農業會條規已
由本譯送農工商部由

湖廣總督文

應解六月一期漕折並加增邊防經費銀兩交
商匯滬由

江蘇巡撫文

蘇滬釐局截存第百二十次釐金銀兩發交上
海匯豐銀行兑收由

又一件

委解蘇省牙釐總局代征銀兩交阿稅司
查收由

又一件

蘇州關欠解出使經費銀兩擬自百九十一
結起如數提解由

德雷使信

本國調換兵隊於下月初旬由西比利亞火車
來往携帶軍火等項請免稅並見復由

南洋大臣電

美政府約同各國派員會查禁煙事宜中國
已照允希轉飭滬道酌復日頃由

德雷使信

使署調換衛隊携帶軍火等件請准免
稅事准稅務處咨已劄飭稅司照辦由

稅務處文　稅則單照

美使請將貨物由滬甯鐵路運往他口飭發
免單希將辦理情形見復由

禁煙公所文

抄錄伍大臣函稱籌於美政府及上下議紳談禁
煙各情形由　附抄件

酌

稅務處

廣西巡撫擬收回梧州水巡事已照英法使抄
稿知照由　附抄件

南洋大臣電
陳臣綱不克赴美加送林亮功蔣柯庭隨同赴會由

初八日

張家口監督呈
呈送報單由　附單

步軍統領衙門印領
請領本年六月分守電桿兵銀兩由

浙江巡撫文
附奏上年九月期續撥俄法洋款一片録　批咨呈由

九江關監督呈

二十日

崇文門商稅衙門文　貿易
德使函稱德商瑞生洋行運供電機一案應將該行
給火車站貨費索償由

二十一日

要
日本阿部代使文　貿易
東三省運貨專照章程稅務處已規定妥善
無庸再議更張希查照見覆由

禁烟大臣文
本部司員聯昌患病未痊續請給假一箇月
現已批准由

二十二日

鄂督
湘撫電

籌撥第一百八十九結新案賠款解滬由

又一件

籌撥一百八十九結出使經費由

酌

東三省總督
吉林巡撫文　租界類

俄人拉得衣巾等前租拉哈蘇蘇地三段現已收回放給華人承領由

南洋大臣文

咨送西曆一千九百八年春季濬浦工程清册由　册一

歸工司

比德代使照會

穆賚行囊鎗隻恐沿途津關或有阻滯請再行發驗單並註明文內所開各件由　附洋文並海關執照

湖廣總督文

美孚行在長沙運火油池事業已照駁美使俟得復再達由

要

南洋大臣文　禁令類

各國在滬會議禁烟事抄送本部與美使來往各照會由

要

美柔使照會　禁令類

長沙地痞人稠美孚行請建火油池棧礙難照允由

郵傳部文

德雷使函稱中國招商局輪船碰壞塘沽碼頭應認賠還銀兩希查照見復由

二十三日

稅務處文

稅則單照

委解西歷五月分增收稅銀由

又一件

江漢關第一百八十九結罰款等銀滙解稅務處由

又一件

滙解江漢關第一百八十九結一百九十結輪船牌費由

又一件

江漢關第一百八十九結一百九十結船鈔銀兩解解稅務處由

度支部片 初二十

福州等處造幣廠及調查土藥委員所發半價電費應照章由出使經費項下支給請飭滬道照支由

酌

准東三省咨稱洋商採買土貨三聯報单宜認真整頓等情如何核辦查照見復由

二十五日

英朱使文 稅則單照類

茶葉聯单事九江關章援照鎮江係當初經關道與英領商定由

德雷使函

收到德國海船名目噸數冊由

稅務處文

駐藏大臣電稱張吴二員應請稅務處允准布酌核遲復由

又一件

英使命梅繙譯來部以怡和所運一種電氣炸藥引與他行運來者納稅辦法不同應飭查由

初九日

美柔使照會 羽四五

請速飭湖南地方官曉諭人民遵守開關商埠約章准
美孚行在長沙開設行棧由

要

東三省總督
奉天巡撫 文 羽二十 禁令類

札薩克圖郡王烏泰私借俄債事業經具奏錄 批抄摺咨呈請照會
各國轉飭各洋商不與蒙藩交涉由 粘抄

山東巡撫文

撥解本年九月分新案賠款由

駐比李大臣文

使館人員及在比游學各生並華商等皆係向無嗜好由

又致參丞信

寄呈公牘祈代回堂由

北洋大臣文 貿易

太古羊毛案陝撫不願派員會商仍飭津海關道另籌
辦法由

二十六日

南洋大臣
安徽巡撫 電

英使請將蕪湖關碼頭本牌遷移一事前已咨達
現英使又來照會希併飭關道查酌辦理並電復由

二十九日

稅務處文

准德雷使稱稅務處所擬德國駐長江兵艦軍火
護照辦法請代向伸謝由

又一件

准英李大臣函洋參贊柏卓安俸薪可否飭總
稅司仍准給領希核辦聲復由

要　稅務大臣文　稽罰類

美商義勇隊所運打把槍彈應仍照章征稅由

初十日

美柔使照會　羽二十五

會議查禁雅片一事上兩科未克來華改派柏蘭德充任由　附洋文

駐和陸大臣致丞参信

遵辦各項款目查明備文補報先行函復由

要　駐英李大臣文　羽二十三　實業類

咨呈商務委員周鳳岡所譯全地球產金總數冊由　冊一

陝甘總督文

又一件　土貨輸出

東督奉撫咨請准日本代使所請將滿洲小麥及無碍民食之

穀類購運出口應定出口稅則酌核聲復由

英朱使信

蕪湖木牌碰傷萬足船一事已電江督皖撫轉飭查辦由

稅務處文

收到江漢關第一百八十九九十兩結三成船鈔罰款

葡柏署使文　洋藥

澳門禁止烟膏仿照香港辦法從速見復由

二十九日

東督奉撫文

咨送河州統捐局申賚英商呈繳報單由　報單一封

安東大東溝兩関所觧第一百九十二九十結船鈔罰款銀兩如數收訖由　附原批二紙

本部劉章京稟　羽三十一

禁烟事擬復美來使照會筐見列呈憲鑒由

十一日

要

東三省總督
黑龍江巡撫文

設關類

咨呈俄廓米薩爾照請仍照前指發琿商埠地段劃給業經撥駁復抄送來往照會請鑒核由　粘抄

閩浙總督文

籌解閩省第七年第八期新案賠款交商滙滬由

又一件

滙解第八十期備還賠款銀兩由

前駐日本李大臣文
咨送夏季參贊領事等員領結請查照由　附領

浙江巡撫文
具奏籌解本年六月分第十九次新約賠款銀兩滙滬兌收彙付一摺抄稿咨呈由

又一件
具奏籌解本年五月分第七十八次新約賠款銀兩滙滬兌收彙付一摺抄稿咨呈由

又一件
附奏報解三十三年十二月十一日起至三十四年三月初十日止浙東釐金銀兩一片錄　批咨呈由

前駐和錢大臣文
咨送本館館員夏季俸薪領具由　附領十五紙

酌 比德代使照會 博覽會類

咨送續到萬國賽會英文條章由

附洋文 附英文條章二十冊

要 稅務大臣文 免稅類

蘇門答臘賽會所有賽會物品向准免稅已飭遵辦

請轉和使由

度支部文

護川督奏解本年頭批專使經費銀 批知照由

駐奧雷大臣電

收到薪俸由

十二日

禁煙大臣文

重申烟禁由

湖南巡撫文

咨報動支漕折滙解第八十期賠款赴滬交納由

又一件

咨報動支新籌款內鹽斤口捐加價銀兩湊解新案賠款赴滬交納由

江督文

滙解三十四年應還滙豐銀款利息等項由

又一件

金陵關第七期賠款銀兩交商滙滬由

又一件

第七年第七期賠款銀兩交商滙滬由

又一件

滬道撥出使等項經費由

要 又一件 羽咋 實業類

咨送會議漁業章程清摺由

江鄂督 湘撫 電

請儘現存銅觔開鑄當十等錢銅元乞代奏由

度支部文

陳錦濤回國時即往奧國調查希轉復奧使由

十三日

奉電旨一道

端方陳夔龍岑春蓂電奏悉所請將已購之銅開

鑄銅元著度支部速議具奏等因欽此

禁煙大臣文
王阿二員應由貴部自行查看取具同官切結
咨覆核辦由
度支部文
錫良奏思茅關收支各款一摺餘　批知照由
兩江總督文
具奏金陵關一百九十結期滿徑征稅厘繕具收支
清單一摺抄稿咨呈由　附抄摺清冊
庫倫辦事大臣文
貴部前咨借用洋款必須聲明舊章茲據俄領
詢及所指該款抑係國款抑係商款希示復以便轉照俄領由
十四日
九江關道文
一百九十結應提使費解滬由

酌

奥師護使信

馬加國有考究牛奶國會請派員前往與會由

附章程三紙

駐奥雷大臣文

收到夏季經費由

學部文

遣派學生赴美游學事俟妥定章程再行咨達由

駐奥雷大臣文

咨呈參贊通譯書記等員領結由　附墨領五

滬道電

濬浦辦幣事

十五日

要 駐美伍大臣信 禁烟類

禁煙演說事 節抄

東督
奉撫 電

籌辦公債事

要 稅務大臣文 貨稅類

東三省運貨專照章程現循日本阿部代使之
請規定妥善請轉復該使此後無庸再議更張由

庫倫辦事大臣文

本年五月並無俄商在哈克圖衙門呈繳執照由

駐和陸大臣文

收到錢大臣移文本季十天公費請察核由

又一件

錢大臣移文丁未攤費照條點收請查核由

駐海參崴商務委員申文

崴埠議設華商總會公舉關禮中等員為總協理已奉農工商部批准申請備案由

十六日

軍機處文電

致東督奉撫公債洋款二者相較孰為相宜請詳復由

江海關道呈

奉撥留英學生王寵惠學費銀兩已滙寄英京由

駐和陸大臣文

請發王廣圻等川裝銀兩由

稅務處文

廣西擬收回梧州水位事請向各使提議是否應如所咨辦理望酌奪由

要

又一件　免稅類

德國調換使署衛隊乘坐東三省火車攜帶軍火等項請准免稅已札總稅務司轉飭遵照由

鄂督

湘撫　電

美商請在長沙建造油池請力為駁拒並示復由

駐法劉大臣文

收到五月分經費日期由

又致丞參信

晤法外部談反滇案等事並請加撥款項請回堂由

附譯稿

德雷使信
崇文門前扣瑞生行所運電燈機器事應賠火車價
費請索償由
貨税

十七日

酌
兩江督電
皖贛茶税征自產戶洋商領單辦貨照約難禁阻業
戶應完產税不能任其包攬并免若沿途釐金自應照約免納由
貨税

駐俄薩大臣電
俄訂税則各節已定俟得復即定議由
貨税

英朱使照會
貨物由滬甯鐵路運往他口發給免重征單照一事
請電滬關速發給由　洋文
貨税

十八日

農工商部文
寄到密拉諾賽會獎牌咨復由

十八日

護理江西巡撫文

鈔送九江關一百九十結收支洋税數目摺稿由　附抄

又一件

抄送九江新關一百九十結並征洋药税厘等款摺稿由　附抄

又一件

抄送第九期償款滙滬片稿由　附抄

又一件

抄送第三批新賠款滙滬片稿由　附抄

又一件
咨送報單由　附報單五張

又一件
仝上由　單二

又一件
仝上由　單一

又一件
仝上由　單八

又一件　仝上由　單六

又一件　仝上由　單五

又一件　仝上由　單八

德電使信　羽單六
招商局輪船碰壞塘沽德碼頭請轉
飭該局如數賠償由

護理贛撫電　亂則單照

日英商人為潯關請單辦茶事照章駁

該領各稟本國出而干涉乞部全力維持由

江督電

美國發起在滬開禁烟大會已否照會由

日領函詢滬道懇電詳部祈電示由

駐俄薩大臣電

陳維訓留支請由八月扣發由

兩廣督文

咨報自三月初二至四月三十日由港出口軍火件數由

十九日

駐和陸大臣致參丞信　　使九百五十二

請補撥使薪並補給參贊王廣圻薪資由

湖廣總督文

江漢關委解第三批京餉又第三批東北邊防

經費銀兩起程日期由

又一件

附奏滙解本年四五六月分撥賠銀兩一片抄稿咨

呈由　　粘抄

又一件

具奏滙解本年六月分新案賠款銀兩一摺抄稿咨

呈由　　粘抄

山西巡撫文

咨送報單由　　附報單五紙

歸庶司

美柔使照會

美亨洋行在上海公堂具控中國裕亨行東胡猷南等一案請飭被告遵照原斷作速了結由附洋文

農工商部文

萬國農業會條規已咨駐義大臣轉飭議董程青松悉心核議由

七月二十日

駐和陸大臣電

經費屢電滬道迄未滙到需用焦急由

奉東撫督文　羽四十七　稅則單照

省城稅局呈請設法整頓海關三聯報單流弊咨呈核辦由

江蘇巡撫文

鎮江關發解一百八十九結四成銀兩及華商船隻進出口正半稅五成二釐等項銀兩由

歸工司

稅務處文　免稅

會奏查明免稅各案會議覆陳一摺又奏湘省粵漢鐵路機器材料併請免稅之年一摺刷印原奏恭錄　諭旨咨呈由　付原奏二

七月二十一日

要

稅務處文　設關類

哈爾濱江岸設分關又拉哈蘇蘇兩處暫行緩設請轉達各使由

江海關道呈

呈報滬關收放第一百八十五結至一百八十八結出使經費報銷清冊由　清冊一　文報局原奏一套

宣化縣呈

申送收回法商等原領津海關道三聯報單由　報單八紙

山東巡撫文

具奏東海關三十一年分土葯稅收數一摺鈔
稿咨呈由　粘鈔

又一件

具奏東海關三十二年土葯稅收數一摺鈔稿
咨呈由　粘鈔

德雷使信　羽四十九

函送德國各色海船名目噸數新冊由
冊一

駐俄薩大臣致參丞信

函陳俄人預籌國用情形乞回　堂由

要

度支部文　圜法類

鑄造毫銀一事據粵督復稱英使所請碍難
照辦請轉復英使由

又一件

雲貴總督奏騰越關自第一百八十五結起至一百八十八結止征收
稅銀及提存支解各款一摺錄　批鈔單咨呈由　粘單

又一件

江蘇巡撫奏江海關自一百八十五結起至一百八十八結止征收
洋稅收支數目開單奏銷一摺錄　批咨呈由

又一件

安徽撫奏蕪湖關第一百九十結征收洋稅洋藥稅厘並
支解數目等因各一摺錄旨抄單咨呈由　粘鈔

又一件

江蘇巡撫奏鎮江關一百八十九結征收洋稅洋藥稅厘
並支解數目各一摺錄　旨鈔單咨呈由　粘單

七月二十二日

駐日本李大臣文

咨送任內特款清冊請核銷由 附清冊

酌

東督奉撫文 羽五十九 土貨輸出

准日人購運小麥由

要

東三省總督信 貨稅類 土貨輸出

准運小麥出口事

駐法劉大臣文

停止繙譯學生文惠留支銀兩

江蘇巡撫文

蘇省釐局自五月十一起至六月初十止代征捐

銀交商匯解由

陝西撫電 貨稅

太古羊毛案該商堅執欲將貨價發還且照奥格外增加將来議結仍乞部主持由

滬道電

和館經費早交滙豐催詢後始知誤寄滙票已致電滙由

湖廣督文

七月期内新案賠款銀兩交商解滬由

七月二十三日

駐藏帮辦大臣電

藏埠三監督派員俟温大臣到再定其張吴二員求知照税務處由

酌

使義黄大臣文　實業類

咨送義國萬國農業會报告由

附稟一件洋文節略并圖説

又一件

農業會議員瞿青松銷差回華應由錢大臣

另行派員暫充由

又一件

滬道撥滙川裝經費等項銀兩已如數收訖由

又一件

五月初十日滬道續撥經費川裝等項銀兩已收

訖由

七月二十四日

廣西撫文

呈送梧州關百八十九結征收稅鈔銀兩單冊由

附冊九本單一紙

又一件

呈送梧州關一百九十結征收船鈔銀兩單冊由　附冊八本單一件

又一件

呈送南甯關三聯報單由　附报單四十二張清折一扣

浙江撫文

具奏籌解本年六月分第七十九次新約賠款銀兩
滙滬兑收彙付一摺錄　批咨呈由

要

又一件　行船類

咨送內港行輪防碰章程由　附章程

又一件

附奏滙解杭州關本年分第一批內務府經費
銀兩一片抄片咨呈由　粘抄

又一件

具奏籌解本年七月分第八十次新約賠款銀兩
滙滬兑收抄摺咨呈由　粘抄

浙江巡撫文

浙東關三月分貨釐銀兩解交稅務處司兌收滙解由

駐英李大臣致丞參信

梁黄二員充當領事又洋參贊柏卓安稅務司傅新請

勵裴式楷仍准給領事由

湖南巡撫文

滙解第八十一期賠款交滬道兌收由

又一件

滙解第八十一期新案賠款交滬道兌收由

駐義[illegible]黃大臣文

咨送本年任內報銷經費清冊由 附冊一本

又一件

咨送隨員在京留支銀兩清冊由 附冊一本

度支部文

湖廣總督奏沙市關自上年十二月二十八日至本年二月二十九日止第百九十結收支各欵一摺錄批咨畨

又一件

兩廣總督奏粤海關自光緒三十二年一百八十五結起至三十三年百八十八結止征收洋税收支報銷摺錄批咨畨

英朱使信

蕪湖木牌停近新開通商場大有危險請飭海關道速將該牌遷移由

二十五日

署新嘉坡總領事由呈

申报本年夏季分照貴電費數目由 附清摺一扣

要

税務處文

貨税類

要
增改東三省運貨專章已通飭南北滿洲各關自九月
初七日起一律遵辦由

農工商部文
具奏海參崴華僑設立商務總會援案請給關防一
摺錄　旨抄奏知照由　抄件

二十六日

德雷使信
税務處所擬德國駐長江兵船軍火護照辦法當為承認
請代向柳謝由

税務處文
派員齎送江漢關應解三成船鈔並洋商罰繳釐由
附銀票

東督
奉撫　文

咨送安東東溝兩關第一百九十一百九十一兩結應得三成

罰欵銀兩由　附批一　銀票一

又一件

咨送安東東溝兩關應收第一百九十一結船鈔銀兩由

附批一　銀票一

二十七日

度支部文

本部學習郎中劉佐清呈稱給咨出洋游歷日本考察

財政清備案由

二十八日

稅務處文

委解梧洲關第一百九十一結三成船鈔罰欵銀兩由

附銀票

鎮江關道呈

呈觧本年分籌捐國子監經費銀兩由

咐批

又一件

籌捐本年分資善堂經費銀兩由

咐批

又一件

籌捐本年分京師中學堂並粥廠經費由

咐批

考察憲政于大臣文

酌擬一年用款約六萬兩請轉咨度支部如數撥滙由

咐咨度支部文一件並印領一件

英朱使信

濟南領事署所用新式鎗由香港運來被青島海關扣留請
飭免稅放行由

陝西巡撫文

咨送报单由　附报单五十張

江蘇巡撫文

鎮江關交解本年分中學堂並粥廠經費銀兩由

熱河都統文

咨送报单由　附報單一紙

又文

同上由　附報單一紙

度支部文
湖廣總督奏第一百八十七結又一百八十八結華洋征收税鈔及支
解各款數目一摺稿 批抄单咨呈由 粘单一

護理皖撫電
遵電已飭蕪道照英使所稱情形確查妥速核辦由

二十九日

酌 税務處文
呈送海關造册處光緒三十三年郵政事務情形總論
由 附論一本

駐奥雷大臣文
咨送川裝銀兩收支清册由
附册一本

駐海參崴商務委員呈
收到本年八月分經費銀兩由

九江關道呈
委解本年第一期英德借款銀兩赴滬由

又一件
委解本年分續撥京餉暨內廷經費銀兩日期由

兩江總督電
蕪湖新關碼頭飭木幫移牌遷讓等事

江海關道電

西八月賠款購價事

要 駐德孫大臣文 貿易類

咨送商務委員水鈞韶西歷一千九百零七年中德商務情形報告清冊由 附冊一本

三十日

要 崇文門商稅衙門文 禁令類

瑞生洋商被鉄路公司索償認費事其款應由該商自行付給所請由本衙門償還難以付給照辦請轉復德使由

兩江總督文

江寧藩司籌撥第八十一期和約償款銀兩滙滬由

又一件

金陵關提解本年第百九十一結增收進口稅銀滙滬由

江蘇巡撫文

會奏蘇省新定賠款本年第一期至第六期按月解清一摺抄稿咨呈由　附抄奏

又一件

會奏蘇省原解旗兵加餉改抵賠款本年第一期至第六期按月解清一摺抄稿咨呈由　抄奏

江海關道函

開呈西歷七月上旬各國電滙幣價表由　表一

南洋大臣電

商約盛大臣函又鎮江商業各公司懇挽留稅司載樂爾乞主持由

又一件

常鎮道電總將戴樂爾仍留鎮關新裁示覆由

酌

駐俄薩大臣電

嵗埠烏城設領事訂定陸路税則由

滬

湖道電

各關欠解出使經費乞分别電催解濟由

八月初一日

前駐和錢大臣文

咨報第五次電費請撥滙歸墊由

又一件

咨報第六次電費請撥滙歸墊由

又一件

交部和參使俸公費已折莫移交由

前駐和錢大臣信

川資電報當重造成冊咨送以備奏銷由

要 農工商部文 翔六

博覽會類

八月初一日

稅務處文

收到梧州關第一百九十一結三成船鈔罰款由

又一件 免稅

英使請將濟南領署運進槍械免稅放行希查照辦理由

英朱使信 免稅

濟南領署運進槍械免稅事已咨稅務處查照辦理由

江蘇巡撫文

收到鎮江關三十四年分捐助義塾粥廠銀兩已轉交由

學部片 羽六十五

馬加國考究牛奶會中國各商尚欠講求難令
入會請轉照由
英朱使照會 翔十一
廣東鑄幣廠限制毛銀事請同度支部仍加細核
查價值還原再多鑄由
初二日
奥師護使信 翔四
請轉致唐大臣亦赴奥國調查一切由
、稅務處文 翔七 、、
委解鎮江關船鈔罰款銀兩祈驗收聲復由
駐日本胡大臣文
咨報前任移交銀兩由

鎮江關呈解本年分國子監經費二百兩即派員
於八月初九日本部領取由
順天府府尹劉 羽六十二
鎮江關呈解本年分京師資善堂經費一百兩轉飭該
紳於八月初九日來部領取由
鎮江關道劉 羽六十三
收到捐助三十四年分義熟粥廠國子監資善堂等
項經費銀兩已轉交由
度支部文 翔一
考察德國憲政于大臣需用款項清查核辦理逕復
該大臣由
稅務處文 翔二
南洋大臣電請將稅司戴樂爾仍留鎮關希核辦
見復由
初三日

要

稅務處文　稅務
已札總稅司轉飭張玉堂吴梅生爲亞東江商務
委員由

甘督文
六月分應解第七期賠款擬由安徽撥交由

度支部文
鄂督具奏宜昌關一百九十結收支銀數一摺抄單
知照由

東海關道電
冬電悉一百九十一結使費已報解由

重慶關道電
遵解一百九十結使費由

德雷使信　朔三　貨款
瑞生洋行被鐵路公司索償費事准崇文門稅
務衙門咨復應由該商自行付給由

初五日

專使唐大臣文　朔四
奥使函請赴奥調查一切希查照見復由

比德使函
裝運軍火本部未准貴大臣知照希迅速見復以
憑核辦由

初六日

奥師護使信　朔六
據農工商部咨復稱馬加國考究牛奶國會中國
各商尚欠講求碍難派令與會由

津海關道電
東電敬悉使費已遵解由

九江關道電
同上由

初三日

溫州關道電
東電悉使費先已交解由

護荊宜施道電
出使經費遵即解滬由

兩江總督文

稅務處文 朔七
收到鎮江關第一百八十九結三成船鈔罰款由

湖廣總督電
比領署軍裝運京詢據比使係衛隊所用應准起運希轉飭給照放行由

郵傳部
陸軍部 片各一件 朔八
比領請將領署軍裝等件給照運京為使館衛隊之用已電復鄂督轉給照放行由

初七日

度支部
粵督 各文 朔
英使請限制廣東造幣廠佚毛銀價值還原再行多造查核酌辦由

英朱使照會 朔十一

一百九十一結應提防費銀兩滙滬赴滬由

税務大臣文 翔十七

滬甯鉄路免重征章程俟核定即可施行請轉

復英使由

江漢關道電

東電敬悉遵即查章委解由

金陵關道電

東電悉出使經費已交滬道查收由

閩浙總督電

所欠使費照數解交由

浙海關道電

收款太絀容俟下結屆期務將所欠經費照解由

請限制廣東造幣廠鑄造毛銀事已咨度支部粤

督查核辦理由

度支部文 翔

俄法借款華俄分行收到第二十七次息銀等款請察

核備案由

崇文門商税衙門

税務處 各文 翔十二

漢口比領署舊存軍裝比使照請給照運京希查

照轉飭查驗放行由

山東巡撫

直隸總督 電

河南巡撫

美孚行煤油運至直隸河南山東等處均行勒索厘

金美使照請停止希飭查明速復由

初八日

美柔使照會 翔十三

美國漁業會派員入會一事准農工商部咨稱直督

現派張壽春李全藻充會員由

初四日

要 駐俄薩大臣文 翔九

撥付俄法借款第二十七次息銀轉咨度支部查照由

駐日本胡大臣文

收到新章秋季使費由

廣西巡撫文 使九百六十

鎮南關征不敷支無款提解使費由

又一件

梧州關增收税銀解滬備償賠款由

日本阿部代使照會

請將商標章程改定草案從速擲下由

駐美伍大臣文 翔十四

仝上由

比代使照會 翔十五

漢口比使署軍裝運京一事已電達鄂督轉飭給照放行由

初九日

兩廣督信 翔十六

三水等關應提使費仍自第一百九十一結起按期提解由

英朱使照會 翔十七 免税

滬寧鉄路免重征章程事税務處復稍俟核定即可施行請査照由

英朱使函 翔十八 免税

兩江總督電
濬浦局挖泥工有賄串機船冒領工款等弊擬另派
員會查由

湖廣總督電
比領照會運軍裝槍彈路局曾否稟呈鈞部
允准乞核示由

度支部文
川督奏提解重慶關第一百八十九結出使經費
委解江海關一片錄 批知照由

又一件
直督奏安東關自第一百卆七結開辦起至一百卆八
結止洋稅收支各數目一摺錄 批知照由

又一件

濟南領署運進槍械免稅事准稅務處咨已轉飭遵
照由

十一月

度支部文 翔二十
考察英國憲政汪大臣需用款項請查核辦理逕復
該大臣由

禁煙大臣文 翔十九
咨送王履咸河克敦二員戒除淨盡切結由

要 俄廓使照會 翔二十一 禁烟類
拉哈蘇蘇所設俄稅關不但未撤且復扣留華貨
希達政府撤回俄境由

九江關道劄 翔二十二
催解第二十六次應還瑞記洋款及舊欠款由

浙撫奏浙海關自一百八十五結起至一百八十八結
止華洋各稅收支數目一摺錄 批知照由

陸軍部片 翔八

准鄂督電稱比領將軍裝槍彈運京應否給
照乞電復由

初五日

酌

稅務大臣文 龍四十三 貨稅類

日本代使請將滿州所產麥穀由海路輸出外國一
事可先將小麥一項酌予弛禁由

湖廣總督文

江海關委解本年第三批京餉由

又一件

十三日

鄂督
湘撫 電

美孚油池一事應開導湘民准予通融建築
希酌核電復由

南北洋大臣文 翔二十三

比使照送截博 海口灯船告白希送查照由

比德代使照會 翔二十四

截博各海口灯船告白已轉行南北洋大臣由

北洋大臣文 翔二十五

德雷使函稱志誠洋行失貨受虧請追賠款一事
抄錄原件希飭津海關道妥酌辦理並復由

十六日

江漢關委解本年第三批邊防經費由

兩江總督信 翔十六

三水等關應提出使經費擬懇准予照舊免提由

郵傳部片 翔八

鄂督電稱比領事將軍裝槍彈定於初四運京究竟應否准運之處請剋日見復由

要

料布多辦事大臣文 禁令類

塔爾巴哈台俄領事請將烏倫古河租與俄人作魚業營生除據約駁復外咨呈查照由

陸軍部文 翔八

鄂督電稱比領事將軍裝槍彈定於初四日運京應否准運之處請復等因片行查照今補印文由

農工商部文 翔十三

農工商部文 翔二十九 土貨輸出

英朱使函詢無穀油麥產自何處並乞贈少許希查明咨復並調取少許送部由

農工商部文 翔三十

准美使函詢美國開設第四次漁業會所派赴會之員搭赴何船及由何口入美查明見復由

要

十七日 國法類

英法德俄義奧比日本使照會各一 翔二十八

派唐大臣赴各國考察財政由

十八日

奧師護使函 翔三十三

唐大臣前往美國順道赴奧考查一切由

美國魚業會直隸派張壽春李全藻赴會咨請
查照由

要 美柔使照會 翔四十九 博覽會類

美孚行煤油運至河南山東等處均行勒索厘金
請飭照約停止由

東三省總督電 翔四十八

俄藉滿站事不准華官在昂站收稅由

東三省總督電 翔四十八

昂站收稅事請據情與俄使嚴重交涉由

初六日

湖廣督文

附奏江漢関第一百九十結提存出使經費銀兩赴
滬驗收一片抄稿知照由

英朱使函 翔三十三

木牌碰傷輪船已飭木商分別認賠至遷灘一事應
候從容開導由

要 俄廓使照會 翔三七 禁令類

俄巡警不准華官在昂昂溪車站界内收稅請轉
飭公司勿得再有此等舉動由

二十日

英朱使信 翔三十五

函復根參贊借用歸綏道銀兩應逕滙該道由

要 二十一日 租界類

駐日本胡大臣文 翔三十六

韓國華商界應與日外部磋商明定章程劃
清界限由

又一件

附奏湖北應解本年春夏兩季專使經費銀兩滙
京交收一片抄稿咨呈由

又一件

附奏委解江漢關本年第三批京餉暨東北邊防
經費銀兩赴京交納一片抄稿咨呈由

又一件

江漢關委解本年第四批京餉銀兩咨請查照由

又一件

江漢關委解本年第四批東北邊防經費銀兩咨請
查照由

比德代使照會 翔十二

照復漢口比領事署所存軍裝槍彈恐被人盜
用擬運北京存儲請飭江漢關道發給護照由

二十三日

駐英李大臣函 翔三十八

洋參贊柏卓安仍領新關之俸一事據署稅司申
稱給假一年仍領半俸假滿只留底缺由

農工商部 稅務處 度支部 東三省總督 咨文 翔三十七

海參崴商務委員送到各種表式照錄原表咨送
查照由

酌考察德國憲政于大臣文 翔四十

准度支部稱所需用款已電江海關道撥銀四萬
兩由

要法巴使照會 翔四十一 行船類

宜昌關至重慶開行拖輪一事據川鄂兩督查明均
難照辦與英約第五款亦無涉由

陝西巡撫電

賀[illegible]

稅務大臣文
調派戴樂爾充補重慶關稅務司因身体委頓
准其免赴新任請查照由

要 又一件 翊十八 免稅類
濟南英領事由香港運來槍支乞免稅放行已札飭
總稅司遵照請轉復英使由

郵傳部片
比領事運軍裝事補行印片由

東督
署黑撫文 翊二十
臨江州俄稅關違例扣貨請向該使提議早日實行撤
還由

初七日

梧州關監督電

大古羊毛案英使迭來催結並欲派員赴陝會
辦即籌辦法電商北洋飭津關道與英領商結

南洋大臣電
濬浦公司事應轉飭認真查辦由

滬道電
養禡電均悉應由該道隨時逕稟午帥酌核飭遵

二十四日

稅務處文 翊四十三
俄使照詢拉哈蘇蘇地方分設華關事如何答復酌
核聲復由

農工商部文 翊四十二
准駐義錢大臣稱羅馬農業會應派常駐義員
並酌派大員赴會希酌核聲復由

一百九十一結出使經費已於六月滙解赴滬由

大西洋柏署使照會

煙膏事現在本國政府派員調查俟得復再議定請查
照由 洋文

初八日

東海關監督申文

委解增收洋稅銀兩赴滬日期由

思茅關監督申文

蒙自關代解一百十七結出使經費銀兩由

歸和同

奏辦官書局總理張國傑印領

請領印書第三批銀兩由

農工商部文 翔四十四

漁業會派員赴會一事據美參贊函詢各節查
明速復由

江海關道電 貨税

義商利生得利牛捐一案義使現又催詢希查
照前札妥速辦結並申復由

二十六日

津海關道電 税則單照

法使照稱法留守軍定購鹽石運至津海關未允
給發准單一事本部已駁復法使容係如何
情形即查復由

粵督電 税則單照

英使函交節略稱汕頭海關所擬三聯單章程
有英該之處希詳細咨部由

二十七日

出使英國考察憲政汪大臣文 翔二十

考查政治所需經費請轉咨度支部查核施行由

步軍統領衙門印領

請領本年七月分看守鉄路電線官兵口分銀兩由

順天府文 烏二十

咨送本年秋季分第二十六次各當商報效銀兩並表冊由

四川總督文

劃一俄法借款銀兩留爲邊務經費由

又一件

交解本年八月分新案賠款銀兩由

又一件

東三省總督
黑龍江巡撫 各文 翔三十九

拉哈蘇蘇俄稅關復有扣留華貨情事已照會俄使達政府撤遷抄送照會並轉達由

專使唐大臣文 翔四十七

考查諸國財政先行抄送本部暨日本英法義四國往來照會由

東三省總督文 翔四十八

俄公司不准華官在昂昂溪站收稅事已照俄使飭阻抄送照會由

美柔使函

美孚行在長沙建設油池事俟與鄂督湘撫商有頭緒然可面議

鄂督
湘撫 電

美孚油池事美使催商速向該省紳耆切商辦法電復本部以便酌核因應

本年二批滙豐息款銀兩交商滙滬由

又一件

交解三四兩次英德借款截留邊務經費及動支滙
費銀兩由

又一件

交解黃浦江經費銀一萬兩由

江海關呈

德館本年秋季經費並另款銀兩交商滙寄柏
林由

又一件

駐美伍大臣新章秋季經費銀兩交招商局代滙
美京由

又一件

駐奧雷大臣秋季經費銀兩交商滙奧由

二十八日

要 禁煙大臣 南北洋大臣 稅務處 各文 翔四十五 禁烟類

准駐英李大臣函稱嗎啡私運入中國應分飭各
省稅關嚴禁由

美柔使照會 翔四十九 貨稅

美孚行煤油運至河南等處勒索厘金事准柬
復各節先行照復由

二十九日

日本阿部代使照會 翔五十

東京博覽會決定延期已咨農工商部由

農工商部文 翔五十一

日本大博覽會決定延期行查照由

又一件

駐義使館秋季經費銀兩交正金銀行滙寄由

又一件

駐海參崴委員經銀兩交商滙寄由

又一件

駐俄使館秋季經費銀兩交道勝銀行滙寄俄京由

又一件

新加坡總領事秋季經費銀兩交滙豐銀行收領由

又一件

日本使館秋季經費銀兩交正金銀行滙東由

又一件

東三省總督電

俄使照詢拉哈蘇蘇地方有無設置海關之事該處應否設關並如何擬訂章程希速籌定由

滬道電 三百四十八

牛捐事如該商清償押款贖照繳还可否即按牛計數退还捐款應電復由

駐和使館秋季經費銀兩交道勝滙豐兩銀行
滙寄由

南洋大臣文

江寧布政使呈稱本年第九期和約償
款銀兩滙滬由

又一件

江寧布政使呈稱本年第八期和約償
款銀兩交商滙滬由

又一件

第二十六次應還瑞記洋行款逕交德華銀
行餘銀不另存儲惟九江關此次奉撥銀兩迄未解到舊欠亦未補解請札催由

又一件

金陵關認籌本年第八次各國賠款銀兩交
商滙滬由

初九日

度支部文

具奏金陵関一百九十結征收支銷一摺録

批知照由

廣西巡撫文

咨送報單由　單一百十五張

又一件

咨送各関一百九十結經征華洋正半税及船

料銀兩數目冊單由　冊八　單一

要

安徽巡撫文

皖北正陽商會開浚淮淺將來工竣無論華洋

商願於長淮行輪永攤河工經費請立案由

閩督文

第八十一期賠滙滬由

又一件

本年八月分葯厘撥抵閩省第七年九
期新賠款滙滬由

又一件

八月分應遞英德借款滙滬由

學部印領

派員承領鎮江関解到本年分國子監
經費由附領結一紙

資善堂領

領取本年分鎮江関捐款由
附收照

署總稅司申呈

呈送上年分貿易冊上卷由
冊十

東撫電
美孚油事已飭查由
韓馬總領事電
探得仁川章程由
江海關道電
滬浦事各領函稱祇能歸關道稅司
辦理別人不能會查由
禁烟大臣文
陳明斷戒人員如實已戒淨即准取具
同官保結由
初十日
美柔使照會

美孚行在長沙開設行棧事請酌定日期
赴部面議希速復由

張家口監督呈
呈送英商新泰興等所遞報單由
附報單運照一包封

閩浙總督文
具奏寔行官民禁烟分別籌辦情形一摺
抄稿咨呈由
附摺稿

酌

比德代使照會
照送比國載博絲各海口設立燈樓燈船
告白由
附洋文告白壹五張

江海關道呈
開呈西歷七月中旬幣價表由

稅務處文

愛琿設立分関事現派署副稅司武美第前往
察看情形請查照由

十一日

德雷使信

德商惹誠洋行失貨受虧事請嚴行索
賠由

度支部文

直督奏牛莊秦王島兩関一百九十結洋稅收
支數目一摺抄單知照由

又一件

直督奏津海関秦王島関一百八十五結至
一百八十八結洋稅收支各款摺抄單咨呈由

又一件

鄂督奏江漢関一百九十結洋稅應提使費
銀兩解滬一片錄 批咨呈由

湖廣總督文

江漢関委解本年第三批京餉由

江海関道呈

開呈西歴七月下旬鎊價由

又一件

奉撥駐法劉大臣電費由

又一件

奉撥駐和陸大臣津貼銀兩由

又一件

奉撥駐和參贊王廣圻川資游歴費並

書記陳廣平等川裝銀兩分別支給由

東督電

札蘭屯昂昂溪兩站收稅事

十二日

美柔使信

張壽春赴美搭附何船由何口入美請轉詢函
知本館以便電美關員由

駐新加坡總領事申呈

領到本年秋季經費銀兩由

英朱使信　土貨輸出

中國無穀油麥產自何處希詳細示知並懇
相贈少許由

十三日

護理江西巡撫文

具奏九江關一百三十三至八十四結稅厘收
支各款一摺抄錄摺稿清單咨呈由

又一件

具奏滙解第十期償還一片 抄稿咨呈由

又一件

具奏滙解新案賠款一片 抄稿咨呈由

又一件

具奏滙解英德借款一片 抄稿咨呈由

又一件

代解甘新賠款銀兩由

山東巡撫電

美孚煤油既有海關子口單自應免收税厘發給完税

度支部文

浙撫奏杭州関百九十結收支數目一摺録　批咨呈由

又文一件

直督奏山海秦王两関一百八十五至八十八結洋稅收支數目
一摺又奏津海関药厘收支數目一摺録　批摘抄清單咨呈由

專使唐大臣文

贛撫奏九江関一百九十結稅厘收支數目一摺録　批摘抄清
單咨呈由

又一件　翔三十三

奥使請赴奥考查擬俟到歐洲時順道前往希轉復由

十四日

江蘇巡撫文

一百二十一次蘇滬厘金已送稅司查收由

江西巡撫文

具奏九江關征收洋稅十三年期滿一摺抄錄摺稿

清單咨呈由

鄂督文

比領事署所存軍裝運往北京比使館給照放行由

要

税務處文　免税類

議覆紙烟加税從緩一摺錄　旨抄奏咨呈由

江督文　翔三十二

蕪湖木排遷灘後倘英日兩使爭阻該地請堅持勿允由

税務處文

咨調員外郎饒寶書丈溥在本處差委請轉飭
該員任差由

十五日

北洋大臣文
委辦第一百九十結船鈔罰款赴稅務處交納咨請
查照由

酌

東督電
拉哈蘇蘇撤俄關事

要

駐日本胡大臣信　貿易類
抄送日美訂定保護在中國商標著作權條約並陳
中國商標宜速開辦由

北洋大臣文
咨送東海關第一百八十五結起至一百八十八結止各項罰
款變價銀兩清冊由

十六日

駐韓馮總領事呈 宣四十六

懇請批發建造甑南浦領署銀兩由

又一件

領館人員不敷辦公擬俟明年更換領事添設書記等員並請酌加薪水由

又信一件

仝上由、

駐英李大臣文

發給留英學生王寵惠學費已滙到發交照領由

四川督文 翔四十一 行船類

要

英法公司擬自宜昌至重慶開行拖輪事礙難照辦由

十七日

俄館試署二等書記官管呈

請領八月起留支銀兩由

陝甘督文

咨送報單由

附單九

又一件

咨送報單由

單二

兩廣督文

粤海關觧係金遵照備銀四萬兩觧交度支部由

俄廓使照會 翔四十三

拉哈蘇蘇俄稅關扣留興東工程處貨物事茲聞貴國
擬於該處設關請將所管之權限知照以便辦結

專使唐大臣文 使九百五十八

請先籌墊銀八萬兩下餘十二萬兩請飭江海關
預為籌備由

駐俄薩大臣電

二等書記官管鍾定呈請在京留支銀一百兩由

英朱使信 翔三十五

根參贊在歸綏道署借銀九十兩應由何處交還
乞示遵由

十八日

庫倫辦事大臣文

本年五月二十九至六月二十九日並無俄人呈交憑票由

南洋大臣文

江海關奉撥三十四年秋季新章使費及總領事館經費由

要 駐韓總領事稟 租界類

查得仁川租界章程實在條款數目由

要 海參崴委員稟 免稅類

稟呈一千九百零八年俄國預算表海參崴合免稅貨物表及俄國遷民表由

北洋大臣文

咨呈三聯照根由

湖廣督文

江漢關委解本年第三批四成洋稅並六成洋稅銀兩赴度支部由

江海關道信

開送西八月上旬各國幣價表由

鄂督

湘撫　電

油池流毒貽害民生請堅持駁復由

要

學部文　退還賠款類

美國減收賠款遣派學生赴美游學查賠款係各省分認則此項學生宜廣就各省招選由

十九日

日本阿部代使照會　翔四十七

派唐大臣考查財政已轉達本國政府由

稅務處文

駐英使館洋參贊柏卓安仍領新聞之俸恐各使館均將援引擬再給假一年仍領半俸假滿只留底缺由

湖廣督文
江漢關西六月分增收洋稅銀兩解滬由

又一件
附奏江漢關撥解戊申年第一批京餉一片抄稿咨呈由

又一件
具奏滙解本年七月應還西八月分新案賠款一摺抄稿咨呈由

又一件
附奏委解江漢關本年第四批京餉並東北邊防經費赴京交納一片抄稿咨呈由

又一件
附奏江漢關三十三年分提解土藥統稅經費一片抄稿咨呈由

又一件

附奏宜昌關第一百九十結出使經費解滬一片

抄稿咨呈由

度支部文

撥匯使英考察憲政汪大臣經費四萬兩由

江海關道電

巧電遵辦由

專使唐大臣文

收到經費銀八萬兩由

二十日

東三省督
吉林巡撫 文 翔三十九

臨江州地方之俄國稅關違例扣貨阻撓興東政治

請商俄使速將撤關事實行由

山東撫文
運庫籌解本年十月新案賠款銀兩滙滬由

浙江撫文
杭州關批解第一百八十七結賠款銀兩滙滬由

駐俄薩大臣文
咨呈本年夏季參贊隨各員俸薪畢領由

英朱使照會　翔四十七
專使唐大臣考查財政已轉
達本國政府由

度支部文　翔四十

考查憲政于大臣所需款項已滙撥四萬兩希即
轉行查照由

二十一日

禁煙大臣文

請傳知有保結執照各員須遵定章一經抽查得
實即照巧為掩飾辦理由

江海關道呈

開呈八月中旬幣價由

德雷使照會

專使唐大臣考察財政
已轉報政府由

要

兩廣總督文　圜法類

咨照造幣廠碍
難停鑄由

要

署總税司呈

送呈通商各關警船鐙浮樁總冊由 附冊二本

駐義錢大臣文

農業會須派常駐議員請酌電復由

又一件

農業大會應派大員蒞會請酌電施行由

兩廣總督文

九龍關税司申報從五月初四日至七月初四日止出口軍火件數由

二十二日

税務大臣文

送呈三十三年貿易總冊上卷由 附冊

陝甘總督文

第八期賠款銀兩撥交滬道查照由

日本阿代使照會

請將商標章程從速改定並望將草案送下由 附譯件

江海關道呈

開呈八月下旬磅價由 付表一

駐俄薩大臣文

收到學費銀兩由

代辦南斐洲總領事文
辦理華僑禁煙事宜由

美參贊丁家立致梁大人信
張壽春等搭坐何船赴美望速轉
詢見復由

順天府文
請發給同仁廠銀兩由

義文使文 貨税
義商利生得利牛捐一案請
速辦結由

滬道
稅司 電
濬浦利濟公司頗有浮言 擬
清查由

前駐義黃大臣文
咨送回華盤費四柱清冊由 附冊

滬道
税司 電
查辦濬浦利濟公司事

二十三日

法巴使照會
法軍購運鹽石請飭津海關道速
給准單由 附洋文

度支部文
桂撫奏梧州關一百八十九及九十結
收支數目等摺錄批咨呈由

英朱使節畧 税則單照

汕頭聨單章程有應改變之處請電學
督照辦由

二十四日

要　禁烟類

駐英李大臣信
譯呈嗎啡為害論由　坿譯件

前代理駐奥使事吳文
造具各員川裝四柱清冊核銷由　坿冊一

義文使照會
派唐大臣考察財政已轉本國政
府由　坿洋文

專使唐大臣信
請再撥經費兩萬由

二十五日

要

駐和陸大臣文　貿易類

商請和外部保護商會事抄呈咨復

各文由

兩廣督文

光緒三十四年八月內應還俄法德借款

交商滙滬由

度支部文

英使照稱限制毛錢事已咨行粵督

察看能否暫勿多鑄由

專使唐大臣文

收到銀二萬由

二十六日

赴藏張大臣文

報銷查辦事件收經費由　粘單

又一件

報銷接議藏約收支經費由

又一件

收到滬道撥滙經費日期由

又一件

同上由

獨石口同知申文

送報單事　單一

東三省總督電

請照俄使撤退拉哈蘇蘇所設稅關事

南洋大臣電

濬浦事稅司不允會查請責成專辦由

要

農工商部文　行船類

皖省正陽關商會集資開挖淮淺工大
費鉅將來凡行小輪自應照分攤費由

度支部文

桂撫奏南寧關征收第一百八十六結起至一百
八十八結止華洋稅並支銷各數目錄　批知照由

二十七日

酌

軍機處交片

唐紹儀奏出使經費請分別　飭
部籌撥一摺奉　旨著照所請該部知道欽此

附摺

要　　博覽會類

日本阿部代使照會

抄送大博覽會延期開設之附件請轉

行商部由　　附附件又譯件

四川總督文

籌解九月分新案賠款銀交商滙滬由

又一件

委解內務府經費銀兩由

又一件

委解三批京餉由

英朱使面遞節略

請轉殺虎関監督新增稅項一概免征由

附洋文並照抄殺虎関執照收条

專使美國大臣文
具奏飭撥出使經費一摺錄 旨
咨呈由

蘇松太道稟
上寶交界與租界毘連之處屢被工
部局擅佔稟請轉飭規復並示遵
由

浙江巡撫文
杭州關第一百八十九結第百九十結東
北边防減半折耗銀兩交商匯滬由

又一件
本年四月十一日至五月初十浙東
貨釐銀兩交稅務司匯解由

要

駐英李大臣文 貿易類
二十八日
商務委員周鳳岡條陳改良中國織絲
工藝並本年西四五六三箇月中國絲茶
運英數目及上兩年比較冊由附冊

又一件

收到借支銀兩由

東海關道呈

第一百九十一結使費解滬由

又一件

八月分英德本息原撥加撥銀兩妥解

滬關由

江海關監督呈

遵撥英館秋季經費由

滬道電

覽訖

利生得利公司承辦牛捐係華人張谷雅

託名義商現因欠項被控飭廨嚴追乞

酌轉由

二十九日

專使唐大臣文

隨帶赴美自費學生開單咨呈請照

美柔使轉知美外部由　粘單

駐比李大臣文

收到本年六月分經費銀兩日期由

又致巫參信

收到本年第二期經費銀兩由

湖廣總督文

本年八月一期新案賠款漕折米折

銀兩交滙滬由

又一件

江漢關本年第四批四成洋稅六成
洋稅銀兩委員領解由

要 津海關文 禁令類
申復法運鹽石未允給發准單由

二十九日

要 稅務大臣文 貨稅類
咨照上海祥生公司製造燭皂徵收正稅
即予放行由

和希使照會
本國擬在海牙開萬國滙兌章程
之議會是否派員往議望見復由

東撫致樞電
條陳禁種罌粟包買洋葯專賣
官膏各辦法乞代奏由

酌 德雷使信

咨送德海船名月噸數第二次補冊

由　　補冊一分

農工商部文

農業會已擬派錢大臣兼充具奏是

否由本部主稿望見復由

九月初一日

奉電旨一道

奉旨袁樹勛電奏禁種罌粟色買洋藥專賣官膏各
節著會議政務處議奏欽此

日本阿部代使照會

洋土各貨運往東三省新開各埠試辦章程改正事惟
此項章程若係試辦儘可看其實施之後情形如何再行議改由

湖南巡撫文

藩司詳稱動支漕折滙解八十二期賠款銀數目
期由

又一件

藩司詳稱籌解第八十二期新案賠款銀兩到滬由

又一件

要

九月初一日

山東巡撫電

奉旨袁樹勛電奏禁種罌粟色買洋葯專
賣官膏各節著會議政務議奏欽此

會議政務處片

抄送山東巡撫來電並電旨由

稅務處文

拉哈蘇蘇地方應否設關宜速籌定抄送致
東三省總督電由

度支部文

殺虎口關征收牲畜稅向未如何辦法是否新
增之稅查明見復由

德雷 日賈 美柔 英朱 法巴 俄廓 使 奧師 和歐 義博 墨胡 署使 日本阿部 荷柏 比德 瑞克 代使照會 禁烟類

藩司詳稱擬將九十七共三箇月應解加復俸餉
等三款銀兩滙解赴滬由

又一件

洛稱長沙関第一百九十結征收各項稅銀及開支
関用工程各經費單冊由

閩浙總督文

具奏閩省籌解第七年第七期新定償款發商
滙滬一片鈔稿咨呈由

北洋大臣電

美孚行煤油經臨館陶等處並獨流鎮重征厘金事
已分別確查俟復到再陳先電復由

上海道電

賠款鎊價數目由

初二日

擬定自西歷明年正月一號起禁運莫啡鴉辦
法由

德雷使函

收到海船名目噸數冊由

度支部文

准和希使照稱本國開萬國滙兌章程議會請
中國派員往議應否派員往議之處希酌核声復由

農工商部文

義開農業會派錢大臣兼充赴會大臣應由農
工商主稿會同本部具奏由

要

津江海關道札

稽罰類

法軍購運美盐應照三十二年辦法辦理由

初四日

駐日本胡大臣文
日本大博覽會改於一千九百十七年請轉咨
農工商部由

江西撫文
具奏江西省本年九月分應遞俄法款又第十期
新案賠款依期如數解滬一摺抄稿咨呈由

駐義錢大臣文
補造使和任內川裝清冊以便核銷其不敷尾款
候撥還由

又一件
補造使和任內電費清冊以便奏銷其五六兩次
電費祇候撥還由

稅務大臣文　龍十三
派員賫交九江關第一百八十八九兩結船鈔四罰款
銀兩由

要　禁令類

義博署使照會
義商利生得利公司牛捐係張公稚經辦義
商無庸干預由

稅務處文
東三省運貨專照章程事日本阿代使照稱
俟試辦後有須者再議改由

要　稽罰類

法巴使照會
法軍購運鹽石可通融辦理由

初五日

稅務處文
拉哈蘇蘇設關一事東三省總督電復請
飭總稅司核議查照辦理見復由

又一件

東三省督電
拉哈蘇蘇設関請飭總稅司查明妥擬章
程再與俄議較妥由

上海道電
遵豔電查復牛捐事

度支部文　圜法類
咨送粤廠碍難停鑄毛銀請轉復英使由

農工商部文　龍十四
張會員由滬向太平洋放洋請轉照美使由

初三日

南洋大臣文　龍二十二

收到九江關第一百八十八九兩結應解外務部三成船
鈔罰款銀兩由

美柔使信
知照美國第四次漁業會中國所派會員已搭船赴
美由

兩廣總督電
英使稱粤省擬辦專賣官膏實屬不合請電阻
等語是否舉辦查核電復由

初六日

江海關道札
義商利生得利牛捐一案現已駁復義使茲將
原照抄錄知照備案由　附抄件

駐日本大臣電
韓國華商租界事趁伊藤在京速與日外部妥
商由

請照領銜公使規復上海界濱界石界牌由

又一件

咨照江海關道在出使經費項下撥寄劉路兩
大臣收放駐和王參贊等銀兩由

又一件

蘇州關提解第一百九十一結出使經費銀兩赴滬
兌收由

度支部文

蘇撫奏蘇州關百九十結收支數目一摺錄批咨呈

陝甘督文

嘉峪關九十四結子口單費過少暫行存庫由

又一件

初七日

電旨一道

台布志銳電奏開渠墾地派趙惟熙充總辦各節
著照所請仍責成該將軍等督飭核實經理期收成効等因欽此

日本阿部代使照會

禁運莫啡鴉事希轉達政府照允並見復由

稅務處文

首善工藝廠購運物料奏明免稅咨行查核還
復該廠由

兩廣總督文

英使稱粵省華商有仿製造英商之商標情事
查明核辦並見復由

初八日

咨送德商瑞記行聯單由

又一件

嘉峪關九十四結洋稅銀兩造冊咨呈由

廣西撫文

咨送各稅局六月分驗過報單由

初四日

九江關道呈

本年應遞俄法款已動撥解滬由

○

民政部文

送遞上海租界圖(圖)六紙由　樹[illegible]閲

土貨輸出

稅務處文

日本使請准將滿洲所産小産及其他穀類由南滿海運出事茲准照催希見復由

俄廓使照會

北滿洲稅關詳細章程應行增改之處從速照允見復由

行船類

酌

農工商部文

內港行輪防碰章程業經該撫施行本部已照咨立案由

度支部片

抄送寧夏將軍台布等電並電旨由

初九日

農工商部片

滬道電

唐大臣等經費已遵滙由

要

首善工藝廠文　免稅類

本廠具奏應用物料免收厘稅希轉飭稅務司

遵照由

又一件

認籌之款希按季分解到廠由

初五日

日本阿部代使照會　土貨輸出

照會滿洲所産小麥及他項粮穀亦請一併允許

輸出由　附日本文

又一件

北滿洲稅關之徵稅規則請決議施行並請將

該規則送交前來希見復由

送还農業會會稿由　附會稿

崇文門商稅衙門文

美使請將美國人擢博所運洋漆放行并繳还銀

咨行核辦声復由

首善工藝廠文

認解本年秋季經費二千五百兩由

南洋大臣文

上海租界原有界浜界石牌界被工部局毀撤侵佔應該道

與各領及工局設法商辦由

粵督電

限制土店膏店不准添開既遵政務處章程即據此函告英

使辦明無庸另商辦法由

江督電

大油捐事因未定有辦法故未照會美使現該使催覆希查

照前函速籌定電覆由

初五日

駐韓總領事電

租界事伊藤月抄回韓應否咨胡使照會妥商由

英朱使面遞節畧

香港英商稟粵省華商仿製英商商標及專利貨品日見其多請咨張制軍與傳總領事特商出示曉諭由

農工商部文

新市航船被裕商輪船撞翻溺斃多人一案此項内港行輪防碰章程有案是否照准請查照見復由

初六日

前赴藏張大臣印領

具領撥還議約不敷銀兩由

十一日

英朱使信　土貨輸出

函送麥種由　附麥種一包

度支部文

撥還本部墊發朗貝勒梁侍郎前往厦門勞問美國海軍需用經費由

度支部片
税務處

抄送兩江督來電並電　旨由

兩江督電

奉
旨端方電奏淮鹽產不敷銷請借運蘆鹽東鹽用輪裝用免税等語著照所請該部知道欽此

十二日

又一件
具領撥還查辦案內不敷銀兩由
江蘇撫文
蘇省牙厘總局代征貨捐銀兩已解滬由
駐英李大臣文
收到本年秋季使館經費日期由
駐俄薩大臣文
收到本年秋季使館經費日期由
駐奥雷大臣文
同上由

英朱使信
粵省限制土店膏店係遵照政務處奏定章程並非專責
官膏由
郵傳部文
借款合同擬稿業已查核由
農工商部又片
會奏義國農業公院開會派員蒞視一摺茲開列堂銜
查照由
十三日
美柔使信
美孚行欲在長沙建油池事該處紳氏以為不便轉知停辦由
酌 英朱使節畧
殺虎口所收駝稅事

寧夏將軍副都統電

滿營歸農事近得城北鎮朔堡地並派寧夏知府趙

維熙提調一切由

駐奧雷大臣文

又一件

咨送駐奧使館人員秋季俸薪領結由

附領結五紙

美柔使照會　貨稅

崇文門稅局抽收領有子口單美貨稅項條違

約章請繳還由　附洋文

初七日

奉電旨一道

台布志銳電奏開渠墾地派趙惟熙充總辦各節

着照所請等因欽此由

農工商部文　土貨輸出

農工商部文

英國在滬開辦古玩陳設觀覽會懇請贊助洽行

核復由

要　德雷使函　稽罰類

中國公平輪船碰損德國塘沽北岸碼頭索賠事唯郵傳部

核據招商局稟復萬無應賠之理由

十四日

東三省總督電

緩還撥款事已據咨度支部由

文一件

借款合同業經查核應即奏明辦理由

理藩部文

咨送筱麥四種請轉復英使由
附筱麥一色

葡柏署使照會
禁運莫啡鴉來華一事已閱悉由

日本阿部代使照會
請飭敎漢旗交清日華洋行求償槍彈銀兩由
附件

美柔使照會
禁止莫啡鴉及葯針進口事已電政府並錄送各口
領事核辦由

又信一
派赴漁業會之張壽春等諒已登岸照料之處恐[illegible]
落後由

陸軍部文
敎漢旗交日華洋行槍價迄未清付日本使照請飭交
抄送文件查照辦理由 附抄件

度支部文
接待美艦經費准閩督電称請咨度支部速籌
撥解由

駐韓馬總領事電
租界事尚未得復可由領署速詢胡使以期接洽由

十五日

直督 電

陝撫 電
太古羊毛案迄未准復英使照催希核辦速
復由

駐義錢大臣電
農業公院特開大會奉
旨派出使大臣錢恂屆時莅會欽此

附奏原工部隨扈帳棚由各處自行採辦向度支部領價

一片錄　旨欽遵由

粵督電

土膏捐事乞會商政務處核示遵辦由

初八日

英朱使信

本年十月間在滬開辦古玩陳設觀覽會特送

廣告一分希酌度由　附廣告

滬道呈

奉撥駐義錢大臣電費銀兩由

又一件

奉撥駐英李大臣預借修理使館銀兩由

十六日

度支部文

東三省總督來電擬請將度支部所撥之五

十萬暫借應用由

崇文門稅務衙門文　覽

美使不允崇文門重征已完子口稅之洋漆事抄錄

中日約款咨行核辦見復由

酌　署總稅務司劉

一千九百八年應捐比國行船會款一千佛郎照案

撥給由

要　英朱　使照會　償借類

法巴

滙豐滙理兩銀行借款合同奉　旨簽押希

轉飭遵辦由

要　步軍統領衙門　領

請領八月分看守鉄路電綫官口分等銀兩由

要　稅務處文　貨稅類

上海宏興機器織布公司請援案完稅一事暫准按值百抽五征稅一道由

要　東督奉撫文　龍四十三　貨稅類

咨復准由南滿路輸出之穀類由

要　粵督文　稅務

代理潮海関稅務司葛禮士接任日期由

要　美柔使照會　貨稅

南京厘金總局不按約收煤油捐一事希迅復由

要　駐英李法劉大臣文

滙豐滙理兩銀行借款合同奉　旨簽押抄送

原摺及合同查照辦理由附抄奏摺合同

要　專使美國唐大臣文

政務處會奏議復唐紹儀奏請實行商約內閣

六事一片錄　旨抄奏知照由粘抄

又一件

軍機處抄交政務處會奏請飭專使調查財

政時提議幣制一片錄　旨抄奏知照由粘抄

日本阿部代使照會

本部照會各使禁運莫啡鴉所擬辦法與日政商

所開四條相符應速照允見復由

要　又一件　土貨輸出

南滿小麥高梁芭穀由海路輸出已由稅務處

核准由

鄂督
湘撫電
長沙建設火油池已與該紳等切商辦法當否仍
乞酌核電示由

農工商部片
片送農業會會稿畫一齊請開列堂銜送還由

度支部文
浙撫奏杭州關第一百九十結征收稅鈔及領各款
數目一摺錄批知照由

又一件 龍二十七 貨稅類
設虎關所收新泰興英行駝稅並非新增碍难准免
請酌復英使由

要 比德代使照會
唐大臣赴諸國調查財政亟應贊助由

稅務處文 貨稅
准俄使照稱經過北滿貨稅請設法與牛莊
貨物視為一律希查核聲復由

閩督電
接待美艦經費已咨度支部撥免由

十七日

正摺一件
具奏核銷前查辦西藏事件張大臣議約暨查
辦各任內收支經費銀兩由

稅務處文
詹美生代購接待美艦隊應用記念品運往厦門
咨行轉飭免稅放行由

度支部文

初九日

張家口監督呈

呈送報單由

獨石廳報單

呈送買貨報單由

浙江撫文

附奏杭州關滙解內務府經費銀兩一片錄批咨呈由

又一件

具奏籌解本年第十八次新約賠款滙滬一摺錄批咨呈由

湖廣督文

接待美艦經費該司員等催撥甚急希速籌分別撥寄並聲復由

湖廣總督

督辦土藥統稅大臣柯電

奉旨陳夔龍電奏悉仍著柯逢時按月照數撥解欽此

十八日

北洋大臣文

德商志誠洋行失物受虧索賠一案德使來函催希查照前咨速復由

德雷使信

志誠洋行受虧索賠事已咨北洋大臣俟得復再達由

要

度支部文　公益會類

和國開用萬國滙兑章程議會派員往議一事已咨行駐和陸大臣派員往議由

具奏滙解本年八月應還九月分新案賠款
銀兩抄稿咨呈由

駐和陸大臣文
收到本年秋季經費日期由

前出使義國黃大臣墨領
領到補給本年經費並歸裝盤費銀兩由

要 郵傳部文 龍二十六 行船類 頭
公平輪船碰壞塘沽德國碼照案比例不能賠償由

初十日

酌 東督電
電陳採木公司借款合同草稿由

和歐署使照會
和國萬國滙兌章程會已咨駐和陸大臣派員
與議由

駐和陸大臣文
和國開萬國滙兌章程議會希即就近派員
前往該會與議並將開會日期知照本部由

專使美國唐大臣電
軍機處片交議覆唐紹儀奏請商約內六事又會奏請
幣制訂入商約又奉上諭會奏請劃一幣制各摺片
錄批知照由

十九日

專使美國唐大臣電
巧電八九足銀向八九條九八之誤應更正由

督辦土葯統稅柯大臣電
幫辦土葯統稅方京堂

酌 伊犁副都統文 商約

俄商假道運茶條約以俄領主意未定尚未改訂

今將三十三年互換條約先行鈔呈由

江督致樞電

淮南各岸盐引銷數驟旺擬借運蘆盐東盐

以濟岸銷由

要 郵傳部文 龍三十一

擬借滙豐銀行金鎊合同擬稿咨呈核復由

擬借滙理

十一日

奉電旨一道 龍三十九

端方電奏借運蘆盐用輪裝運免稅等語

著照所請該部知道欽此 商約

要 軍機處交片

政務處議覆唐紹儀奏請實行商約一片奉

硃批該部知道欽此

要 又一件 龍三十七

商約類

奉旨湖已解之款仍著設法補解嗣後著度支部妥籌抵補由

度支部片

抄送鄂督來電並電旨由

又片一

抄送督辦土藥統稅柯大臣來電並電旨由

直督電

太古羊毛案

直督電 二十日

太古羊毛案希飭從速商結電復由

二十二日

貨税

理藩部片

敖漢王旗欠大洋商款項一事應電催從速了結由

政務處會奏請飭專使調查財政時提議幣制
一摺奉　硃批外務部知道欽此

駐韓總領事致丞參信
中國在韓國各口租界章程宜早商定由

墨胡署使照會
照復禁運莫啡鴉及刺莫啡鴉之藥針應轉
達本國政府由

比國德代使照會　龍三十六　行船、
恆久行船會本年應助會款希發交本館
轉寄由

崇文門商稅衙門文　龍三十五
崇文門收落地稅中日約文如何乞核覆
并送美教士單由

農工商部片

二十三日

奧師護使函
奧國開設萬國商會李興廉等請示下次入
會及會期以外各辦法希詳復由

日本伊集院使照會
敖漢旗欠日華洋行槍價一事已咨理藩部
電飭該旗自行妥速清結由

二十五日

學部文
派員來部祗領國子監經費銀兩由

津海關道劉文
本年分國子監經費銀兩已代收轉交由

會奏義國農業公院開會派員蒞視一摺堂銜
有無訂寫望速復由

十二日

要

軍機處交片 龍三十七 關約類

政務處會奏請飭專使調查財政時提議幣制
訂入商約片奉 旨外務部知道欽此

日本阿部代使照 龍四十二

禁止莫啡鴉事如將日政府所開各條件照行
當即應允由

庫倫辦事大臣文

洛報本年六月二十九日起至七月二十九日止一月內並無俄人
在恰克圖呈交憑票由

資善堂紳士呈

冬季經費請酌定日期赴部具領由

稅務處文

滬關稅司放行法兵船軍火來照前定德船
運軍火辦法應飭一律咨行核復由

度支部文

接待美艦謙司員等電請撥款希速籌
撥允由

德雷使節略

漢口德租界界址事應飭領事與地方官
和平商辦由

湖廣總督信

漢口德租界事抄送與德使來往節略即
轉飭與德領磋議以期辦結由

二十六日

上海招商局鍾道文耀電

英朱使照會　覆函

太古行羊毛扣留一案茲有本館官員特候往查此案
請貴部一体派員會同調查希轉致陝撫並祈見復由

東督電　龍三十四

度支部所撥採木資本款項未便由借款內撥
還懇暫借用由

十三日

度支部文

雲貴督奏蒙關第一百九十一結征收稅銀照章提撥支
解各款一摺錄批抄單咨呈由

要

稅務處文　龍四十三　覆稅類

日本使臣請滿洲所產小麥穀類輸出外洋事東
三省高粱苞穀即照本處前次核准小麥出洋
辦法其餘一概照約禁運出洋由

滬道文

准銷去會同考查鴉片議員差使由

陸軍部文
南北洋大臣

錄送英朱使函文更改海船號令新单請
查照由

英朱使函

函復函文海船號令新单已錄送陸軍部暨
南北洋大臣由

東督電

駐安英領署發來槍彈等件須由英使知照
方能核辦請轉復由

二十七日

要

崇文門商稅衙門文　覆函

德商瑞生洋行運供中國電燈公司機料索償
費一事德使復稱該行情願將該款弗根由

奉撥駐奧電大臣川裝項下不敷銀兩交商滙寄奧京由

閩督文

閩海關籌撥三十四年九月分新案賠款銀兩交
商滙滬由

俄廓使照會 貿易

經過滿洲北路之貨物應設法與經過中莊之貨物
視為一律即希見復由

閩督文

閩海關籌撥三十四年六月分加放俸餉銀兩
交商滙滬由

又一件

提解第八十二期備還賠款銀兩交商滙滬由

度支部文

英朱使照會

照復英朱使粵城毛銀仍未遽議加鑄希查
照由

陸軍部文

駐安英領署發來槍彈等件須由英領使知
照方發護照除電東督外希查照由

閩督電

接待美艦經費不敷銀兩准度支部咨已電
各關道撥解由

滬道電

催解墊款由

二十八日

朗貝勒電
梁大人

廣西巡撫奏南寧關第一百九十結征收税銀及提
存支銷銀數一摺録 批咨呈由

要 政務處文 商約

議復唐紹儀實行商約六事一片録 旨仰奏咨呈由

閩督電 龍 三十三

接待美艦應辦各項均已布置周妥惟不敷之款甚
多請咨度支部速籌撥解由

十四日

要 軍機處交片 博覽會類

會奏義國開農業會請 派員蒞視摺奉 旨派
錢恂蒞會欽此傳知欽遵由

要 首善工藝廠文

收到本年秋季經費由

改派唐國安充會查鴉片議員希轉飭遵由

二十九日

要 英朱使照會 償借類

東督籌借滙豐洋款一百一十萬兩一摺錄
批知照轉飭遵照由

美柔使照會

會議禁烟專員鍾文耀另有差委改派唐國
安由

駐澳洲梁總領事

江海關道劉

梁領請領公費由

税務處文

汕頭海關三聯章程各領仍欲更改茲抄錄税
司節畧清摺咨送酌核見復由

要 郵傳部文 龍四十二室 償借類

具奏擬訂滙豐滙理兩銀行借款合同一摺錄 旨抄

奏暨合同請照會英法兩使並抄咨駐英法國使臣由

十五日

要 南洋大臣文

據江海關册報浚浦局各項收支經費咨請

核銷由

要 又一件 租界類

據蘇省洋務局稟與日領辯論租界交涉

事抄摺咨請查照備案由

度支部片

和國在海牙開萬國滙兑章程會咨行轉咨該

國欽使就近派員前往與議該會何時舉行再由銀行酌量

派員同往與議由

要 又一件 禁烟類

會查禁烟議員劉道等劄

度支部片送禁烟辦法原奏清单劄文查照由

又一件

查禁烟嗎啡事據南洋大臣文稱海關照

類購備聽各洋醫領单購用各節應展期

提議由

直督電 貨税

大古羊毛案英使又來催問希飭從速商

結電復由

三十日

江督電 貨税

滬寧鉄路減厘事英使催發專照章程

希飭從速商定電復由

本部覆奏查明各省洋葯進口土葯出産及行銷數目
酌擬辦法一摺单二分錄 旨抄奏咨行由

德雷使信

天津德商志誠洋行與中國通運商人李春華
索賠一案貴部如何辦理希示復由

謙 司 員
麥 道 電

接待美艦事需款甚急請先撥二十萬由

詹美生致司員恩厚信

中國接待美艦經僕代購景泰藍記念品運往
厦門請咨行稅務處札知總稅務司轉飭免稅
放行由

十 六 日

要 英朱使照會 禁烟類

禁止嗎啡進口事已飭諭英商遵照由
洋文

專使唐大臣
前後共計收到經費二十萬兩請查照備案由
熱河都統文
咨送三聯報單由 附單十六
又一件
同上 附單二
由
九江關監督呈文
一百九十結出使經費解滬投收由
又一件
一百九十結增收稅銀解滬投收由

閩督文

本年九月應還俄法借款解滬交納

駐俄薩大臣文

華人虧少船資支款彌補以免流落由

浙撫文

滙解浙東貨厘銀兩由

鄂督致樞電

電奏請飭照常籌解土稅抵撥賠款祈
玉成俾邀 俞允由

農工商部文

會奏義國農業大會一摺奉 旨著派出使
大臣錢恂屆時蒞會欽此抄奏咨呈由

要　粵督文　稅務

九龍關署稅務司巴爾請假以潮海關稅務司夏

立士丹補葛禮代理潮海關稅務司請查照由

鄂督致樞電

奏請　特旨敕下度支部稅務大臣將八月以後

應解鄂省萬稅仍照每月十萬籌解足額俾

免償款無著等情祈代　奏由

十七日

奉電　旨一道

陳夔龍電奏悉仍著柯逢時按月照數撥解鄂

專使唐大臣電

請電示銀幣　諭旨並陳抵東日期由

江督文

第八十二期和約償款滙滬兑收由

又一件

咨送甌海關一百九十一結稅鈔收支清單由

又一件

撥匯駐英李大臣使費由

又一件

一百九十一結罰款送道存儲

要 湖廣督文 貨稅類

具奏釐訂鄂省茶釐章程一摺抄稿

咨呈由 抄件

要 又一件 貨稅類

咨呈鄂茶稅厘章程由

附章程

禁煙大臣文

具奏參辦理藩部啟綬等一摺錄　旨

抄稿咨呈由

駐和陸大臣文

補造三十二年收支清冊請併計算由

又一件

補造三十三年四箇月收支清冊請發還墊款由

又信一件

請撥墊款及使費拮据事

駐德孫大臣文

收到使費由

駐奥雷大臣文

陳錦濤到奥調查事 附譯報

要 會議政務處文 圜法類

會議畫一幣制錄 旨刷奏知照由 附原奏

十七日

要 崇文門稅務衙門文 稽罰類

美教士翟博並未執有子口单且教會條約亦無免稅之例請復該使由

度支部文

川督奏籌解本年黃浦江工程銀兩錄 批 知照由

陝撫電 [illegible]

太古羊毛案若遷就議結只能將兩次拍賣原價發還

斷難加息補費請示遵由

九月十八日

資善堂墨領

奉領經費由

東督

奉撫 文

度支部復奏前請截留奉省安東大東溝

稅款准照成案留用錄 旨知照由抄片

新疆撫文

造送三十三年分查驗俄商販運貨物清冊由

冊一

浙撫電

日商販運棉花事乞俟咨到再議由

度支部文

川督奏第一百六十五結至一百六十八結收支税銀数目一
摺錄 批抄单咨呈由

督 柯大臣
幫辦土藥税税 方京堂 電

統税收数銳減各省額款均難照撥鄂局實苦
難支請飭部統籌辦法請代 奏由

酌

鄂督信 龍五十七 租界類

漢口德租界事 抄件

十九日

奏電旨一道

奉 旨柯逢時方碩輔電奏悉湖北已解之款款
仍著柯逢時等設法補解嗣後著度支部通盤核
計妥籌抵補俾鄂款有著欽此

陝甘督文

咨送英商高林洋行買貨聯單由 附报单一張

護安徽撫文

咨送蕪湖關第一百九十一結期內免征米稅銀細數

請冊由 附清冊一

又文

籌解本年第三批認還英德借款並加撥鎊價不敷

銀兩由

兩江總督文

覆往電火油捐事容商定再達此時請緩復來

使由

廣西巡撫文

咨送報單由 附报單二十一張

又一件

咨送報單由　附報單一百三十七張

又一件

梧州關第一百九十一結出使經費銀兩交商滙
赴江海關由

又一件

梧州關第一百九十一結增收洋稅及一半火耗銀兩交
商滙赴江海關由

酌

德參贊穆修士送來節略　龍　五十六　租界類

漢口德國租界界址事

江蘇撫文

咨送江海關第一百八十五結至一百八十八結出使經費
報銷冊由　附冊一本

又一件

蘇州關第一百九十一結使費銀兩移解江海關由

直督電 [illegible]

太古羊毛案

專使唐大臣電

十七日抵東京該國大臣優待情形由

二十日

要 稅務處文 免稅額

詹美生代購接待美艦記念品運往厦門已札飭

免稅敉行由

南洋大臣文

咨送一百九十結罰款清册由　册一

又一件

金陵關一百九十一結使費匯滬由

山東撫文

電奏變通禁煙辦法一摺錄　旨抄奏咨呈由　粘抄

滬道呈

遵滙駐法劉大臣經費由

閩督文

鈔送第八期滙解新賠款片稿由　粘鈔

比柯使照會

禁運瑪啡並藥鍼進口一事已轉達本政府由

洋文

農工商部文　龍五十三

巴達維亞商會總理李興廉等請示奧國開設萬國商會派員赴會章程乞轉詢奧使由

要

度支部文　圜法類

畫一幣制先定為大銀幣一枚計重庫平一兩等因恭錄　諭旨知照由

理藩部文　龍五十一

日華洋行索槍價事已札行敖漢郡王催轉飭措款清結由

度支部文

採木資本撥款事抄送咨復東督電底由

電底

二十一日

津海關道　龍五十九

申解本年國子監經費

閩浙督文

閩海關應解第一百八十八結出使經費銀兩交商滙沪由

又一件

閩海關應一百八十九結出使經費銀兩交商滙沪由

宣化縣申文

申送禪臣等洋行原領報單由　附報單九紙

北洋大臣電

太古行羊毛事又唐山疫事均已派員辦理由

要

義博署使照會　禁烟類

禁運莫啡事本國政府業經概允並飭遵由　附洋文

俄廓使照會

北滿稅關章程應行增改一事已飭稅務委員將商之款妥議俟復到再知照由

二十二日

署總稅務司呈

比國行船會協助一千佛郎已撥交駐京比使轉寄由

湖廣總督文

委解本年第四批邊防經費銀兩由

要

兩廣督文　稅務

粤海關右副稅司阿拉巴德調往蘇州遺缺以蕪湖
關幫辦達闊文調署已於八月二十日接任由

又一件

咨呈管解京餉委員陸承先等起程日期由

湖廣督文

委解本年第四批京餉由

日本阿部代使照會

禁止嗎啡鴉及嗎啡鴉針進口一節並無異議當從
速轉達政府由　譯件

謙司員

麥道稟

接待美艦用款不敷請迅賜籌撥俾得實用再
行造報由

要德雷使信　龍六十　稽罰類

瑞生洋行電燈機器一案該行情願將
索償之款不提請轉崇文門商税衙門由

南洋大臣電 龍五十八
法兵輪運軍火事請照各使飭其一律遵守
乞酌示由

二十三日

要 奧師護使照會　禁烟類
禁止販運嗎啡鴉事已轉飭照辦由

兩廣總督文
新安縣屬購地移卡已飭關務兩處分成
攤解由

又一件
九龍新關修建廠屋銀兩已在洋藥厘
金項下如數撥交由

又一件 龍六十三

粤城毛銀仍未加鑄當隨時察看分別辦理由

要又一件 龍六十四 税則單照類

汕頭海關三聯單章程應行變改現已駁覆茲

抄節畧清摺請鑒核由

要又一件 税務

咨報九龍關税司夏立士接任日期由

廣饒道呈

瑞記洋款已動撥第百九十結洋藥厘銀委

觧赴滬投交由

張家口監督呈 龍六十二

請賜發運照二百張以備接用由

山西巡撫文

咨送報單由

暫護安徽巡撫文

蕪湖關百九十一結使費滙滬兌收造

冊咨呈由

又一件

蕪湖關百九十結罰款存儲備解造冊

咨呈由

兩江總督文

造呈甌海關百九十結罰款清冊由

候補道鍾文耀電

奉調赴美請銷去鴇片議員差使由

二十三日

謙司員麥道電

接待塲自遭風災急須加修乞迅撥款由

二十四日

陸軍部咨

東督電稱駐安東英領事所運槍枝等件

應否准其起岸希酌核見復由

二十五日

要　軍機處交抄摺　償借類

徐世昌奏開辦採木公司借用滙豐洋款奉

硃批著照所請該部知道欽此

粵督文

籌解三十四年九月分攤撥俄法英德借款等項銀兩文商滙滬由

又一件

光緒三十四年第四批公約賠款銀兩文商滙滬由

江督文

遵撥駐義錢大臣電費銀兩並駐英李大臣備置使署傢具等費銀兩由

又一件

請限制販運嗎啡之數由

浙撫文

甌海關一百九十一結使費文商解滬由

駐和陸大臣電

江煌三個月薪冬季撥款請留京九百兩

度支部文

鳳陽關瀋浦解款仍照三萬兩之數分解由

二十六日

瑞典克使照會

禁運嗎啡鴉入口一事已轉報政府照辦由

要

洋藥

洋文

駐美伍大臣文

收到秋季經費暨夏季洋員俸薪銀兩由

滇州總領事呈

請發川資公費銀兩由

禁煙大臣文

調員查驗事由

度支部文

接待美艦不敷經費已電各關解赴由

又一件

調任湖廣督趙奏宜昌關收支税銀数目一摺

録　　批知照由

又一件

東督奏安東關洋税收支数目一摺録　　批

知照由

又一件

東撫奏提解出使經費銀兩一片録　　批知照由

要

又一件 禁烟類

本部奏洋葯進口土葯出産行銷數目一摺刷

奏知照由　　清單三件

二十七日

上海道致參丞信

開呈各國幣價由　　附表

北洋大臣文

津海關截留本年八月分三聯照根由

附照根一張

登萊青道呈

籌解本年九月分俄法本息銀兩委員解

滬交納由

駐義錢大臣文

收到秋季經費由

南洋大臣文
江海關撥匯駐奧雷大臣川裝不敷銀兩由
謙司員
麥道電
接待場已加工趕作乞再催度支部迅速撥
款由
度支部文
給發接待美艦墊款一萬五千兩即行具領投
遞候核由
理藩部文
敕漢旗拖欠日商槍價事已經熱河都統催
辦由
二十八日
鍾道文耀稟

奉調出洋請銷去考查鴉片會員差使由

要 南洋大臣文 文五十四 償借類

江海關賠還第二十六期克薩鎊款本息銀兩
並繳關票由 票一

要 又一件 償借類

江海關賠還第百四十四次百四十五次英德借款銀
兩由

又一件

江甯應解第七年第十期賠款銀兩交商滙滬由

又一件

江甯認解本年八月九月兩期俄法英德還款銀兩由江
海關欠解銀兩內抵撥由

學部印領

具領國子監經費銀兩由　附結

滬道電

匯款限十月初十日交以滬上銀根緊故稍予推
期由

二十九日

要

軍機處交抄摺　租界類

粵督奏招商局承領汕頭海平地段請　旨立
案永不准轉租轉賣一摺奉硃批該衙門知道欽此

江西撫文

附奏動放上年漕折銀作為本年第十一期償款交
官銀號匯滬片抄稿咨呈由　附片稿

熱河都統文

咨送報單由　附報單二紙

要 湖南巡撫文 貿易類

湘商運米一案議結由

郵傳部文

前派員抄錄法使郵政薦員各照會內語意有
待研究之處希將洋文並覆稿各件檢送過部一二月內繳回由

英朱使照會 稅則單照

稅司仍不發免重征單與條約不符嗣後倘有索償之
處惟貴政府承擔其責一并請電滬道關速發該單由洋文

農工商部文 土貨輸出

咨送無穀油麥由 附抄表一件 麥種一袋

要又一件 博覽會類

英駐滬博物院總辦本年十月間在滬開辦古玩陳設會
時月太促俟下屆開會再當贊助希轉復該使由

專使唐大臣電
本日覲見禮成調查財政事日皇允飭該管大
臣接洽事請代奏由
三十日
要
稅務處文　免稅類
嗣後遇有各國運進交兵船軍火概照前定德國
兵船所運軍火辦法已札飭遵辦由
英朱使節略　師五　貨稅
福州英商稟請減抽茶末出口稅乞酌復由
洋文
美柔使照會　師陸　貨稅
美貨由廣州走西江除正稅外須納子口半稅比他
國較多請轉飭西江稅員遵照新章一律辦理由洋文
度支部片文
毓貝勒等前往廈門勞問美艦隊需用經費銀
定於十月初二日撥款由

税務處文　師八

委交宜昌關第一百九十結三成罰款等項銀兩由

附銀票一紙

又一件　師七

委交津海關第一百九十結三成船鈔等項銀兩暨秦

王島關第一百九十結三成船鈔等項銀兩由　銀票一紙

駐德孫大臣電

回國川裝共需萬金請連冬季費併撥由